Responsabile editoriale
Roberto De Meo

Redazione
Chiara Cacciarini

Collaborazione redazionale
Lorenzo Bartalesi

Revisione
Laura Guasti

Progetto grafico
Adria Villa

Referenze iconografiche
Archivi Alinari, Firenze: © The Bridgeman Art Library, p. 81; © The Bridgeman Art Library/Archives Charmet, p. 35, p. 105. Getty Images: © Hulton Archive, p. 95; Milestone Media: © Alamy/Lodge Photo/Mathew Lodge, p. 57.

Dove non altrimenti indicato le immagini sono tratte dall'Archivio Giunti. L'Editore si dichiara disponibile a regolare le eventuali spettanze per quelle immagini di cui non sia stato possibile reperire la fonte.

www.giunti.it

Via Bolognese 165 - 50139 Firenze - Italia
Via Dante 4 - 20121 Milano - Italia
Prima edizione: gennaio 2011

Ristampa	Anno
5 4 3 2 1 0	2014 2013 2012 2011

Stampato presso Giunti Industrie Grafiche S.p.A.
Stabilimento di Prato

FRANCO
CARDINI

storia POCKET

I TEMPLARI

GIUNTI

Indice

Introduzione

Oggetto di queste pagine è un Ordine religioso: vale a dire un'associazione di persone decise a condurre vita comune sulla base di una carta costitutiva – la *regula*, "regola" – che ne disciplina la vita individuale e comunitaria. Queste si riuniscono per tendere alla realizzazione degli ideali evangelici e assumono a base del loro impegno la promessa solenne ("voto") di praticare, con l'autorizzazione della Chiesa, i "consigli evangelici" di obbedienza, castità permanente e povertà individuale. Nel mondo medievale gli Ordini religiosi non vanno confusi con gli "Ordini canonici": all'interno di questi ultimi, i "chierici" (i membri del clero) si differenziano dai "laici"(il "popolo di Dio") per un rapporto più stretto e diretto con il Sacro; gli Ordini religiosi invece erano definiti *religiones* e considerati parte del clero sebbene, al loro interno, i "chierici" (tra cui una minoranza di sacerdoti) vivessero insieme a confratelli di condizione laicale addetti a servizi diversi dalla preghiera e dallo studio.

L'Ordine religioso che qui si prende in considerazione è quello dei *pauperes milites* (o *commilitones*) *Christi et salomonici Templi*, più noto come Ordine del Tempio. I *Templarii*, che d'ora in poi denominiamo semplicemente "Templari", non erano componenti però di una comune *religio*, in quanto al suo interno – accanto ai sacerdoti e ai fratelli laici addetti alle funzioni pratiche e quotidiane – v'erano anche dei laici di speciale condizione: questi infatti portavano le armi e, se avevano già ricevuto nella società europea di quel tempo (siamo ai primi del XII secolo) la dignità cavalleresca mediante una cerimonia di vestizione, erano appunto detti *milites*, "cavalieri"; se invece erano dei semplici aiutanti di campo o scudieri o accoliti, pur combattenti essi stessi, venivano chiamati *servientes*, "sergenti". Ordini religiosi di questo tipo, caratterizzati dalla presenza qualificante dei *milites*, venivano chiamati specificamente *militiae*. In italiano, tale termine latino viene ordinariamente reso con le espressioni "Ordine militare" o "religioso-militare", mentre si è ormai accantonata quella, più antiquata e meno precisa, di "Ordine religioso-cavalleresco". Va sempre tenuto presente, onde evitare equivoci, che gli Ordini militari ospitavano al loro interno sacerdoti, cavalieri, sergenti e fratelli laici; e che solo la seconda e la terza di tali categorie erano abilitate all'uso delle armi.

La *Militia Templi* venne fondata in Terrasanta tra il secondo e il terzo decennio del XII secolo, con il fine specifico di difendere i pellegrini e gli inermi. Le esigenze del momento, in particolare la minaccia costituita dai musulmani che in armi reagivano alle conquiste della prima crociata, giustificarono l'instaurarsi di Ordini religiosi di tipo appunto nuovo: questi – in deroga alla tradizione e alla normativa che imponeva ai loro componenti di vivere di preghiera e di penitenza e quindi di non portare le armi – autorizzavano alcuni di loro a mantenerne la detenzione e l'uso sulla base della *necessitas* presentatasi all'indomani della crociata.

Insieme ai Templari nacque anche un altro Ordine religioso per molti versi ad esso simile, già da prima costituitosi come Ordine di religiosi addetti alla gestione dell'ospizio gerosolimitano di San Giovanni, ma che accolse poi a sua volta *milites* e *servientes.*

Templarii e *Hospitalarii* restarono per circa due secoli le due originarie *militiae* all'interno della chiesa latina: sul loro modello, altre se ne fondarono in Terrasanta, nella penisola iberica – dove la lotta contro i musulmani dava luogo a esigenze e a necessità del medesimo tipo – e nel Nordest europeo, nel quale frattanto il cristianesimo aveva cominciato a espandersi e a imporsi, determinando anche in quei luoghi l'insorgere di necessità militari.

Le *militiae* sono un tipico frutto del movimento crociato. Va sottolineato tuttavia che il *frater* membro di una *militia*, per quanto si distinguesse fra l'altro perché recava sul suo abito religioso il segno della croce – di foggia, colore e dimensione diversi a seconda dell'Ordine cui apparteneva – non va confuso con i *cruce signati*, i "crociati". Questi ultimi assumevano la croce come simbolo del loro voto che li impegnava a un "pellegrinaggio armato", a una spedizione militare il cui scopo era direttamente o indirettamente la conquista, la difesa o – più tardi – il recupero dei Luoghi Santi: tale voto era ben delimitato nel tempo, sulla base di un'indizione solenne, e si concludeva con lo scioglimento delle promesse formulate nel pronunziarlo. I voti religiosi pronunziati entrando nelle *militiae* erano invece permanenti, per quanto divenisse poi possibile formularli anche per un tempo determinato, che era sempre comunque di una certa lunghezza. Quindi, per quanto i membri degli Ordini religiosi siano stati – impropriamente e imprecisamente – spesso definiti dei "crociati permanenti", la loro condizione canonica era molto diversa da quella dei crociati: si tratta di categorie che non vanno mai confuse tra loro.

L'Ordine templare fu com'è noto sciolto nel 1312, in seguito a vicende su cui indugeremo. L'Ordine ospitaliero di San Giovanni di Gerusalemme, invece, sopravvisse pur mutando più volte e per più aspetti il suo carattere ed è ancora esistente come Sovrano Militare Ordine di Malta. Altri Ordini militari fondati nel corso del XII secolo sopravvissero più o meno a lungo e alcuni di essi sopravvivono formalmente ancora, dopo essersi variamente incontrati o accorpati con "Ordini cavallereschi di corte" – istituiti da alcune dinastie regnanti alla fine del Medioevo o anche più tardi – ed essersi trasformati pertanto in sodalizi a carattere onorifico oppure umanitario.

Molti sodalizi "cavallereschi", di varia origine, recano oggi denominazioni o insegne che si rifanno o pretendono di rifarsi alla *Militia Templi* sciolta nel 1312 dall'autorità pontificia: essa non è però legittimamente e ufficialmente sopravvissuta in alcun modo allo scioglimento pontificio, né mai è stata ricostituita. Qui ne narriamo sinteticamente la storia, che ha dato adito a un'immensa biblioteca di autorevoli e attendibili studi scientifici, ai quali gli interessati potranno accedere e attingere. Sconsigliata invece sull'argomento la consultazione di opere a carattere divulgativo, esoterico o fantastico, che sono una pletora infinita: a meno che ad esse non si acceda con l'intenzione di studiare lo specifico fenomeno impostosi tra Sei e Settecento, noto col nome di "templarismo" o con quello, ridondante e meno preciso, di "neotemplarismo".

1.
Sull'onda della crociata

Nella pagina precedente:
Illustrazione tratta da Les passages faits Outremer par les Français contre les Turcs et autres Sarrazins et Maures outremarins *di Sebastien Mamerot (1490 circa) conservata alla Bibliothèque Nationale de France di Parigi. Durante la cosiddetta "crociata dei pezzenti" una folla di pellegrini viene guidata in Terrasanta da Pietro l'Eremita.*

Il nostro racconto deve prendere quindi le mosse dal fenomeno storico che ai Templari dette origine: il movimento crociato.

La crociata è stata genialmente definita "Iliade di baroni, Odissea di mercanti". Bisognerebbe forse aggiungervi "epopea dei poveri": intendendosi bene prima, però, su che cosa fossero nell'XI secolo i "poveri".

In un periodo di profondo mutamento addirittura demografico, ma comunque sociale e culturale come fu per l'Europa l'XI secolo, era "povero" non solo chi non possedeva beni di fortuna in modo considerato sufficiente rispetto agli standard dell'epoca (la povertà è, ovviamente, un concetto dinamico e relativo), bensì anche e soprattutto chi non era detentore di uno *status* sociale e giuridico adeguato, chi non era in grado di prendere decisioni autonome e di provvedere alla sua sopravvivenza e alla sua difesa. Poiché lo Stato, nel senso moderno del termine, non esisteva, non v'erano nemmeno diritti e garanzie di tipo obiettivo: chi non era *potens* – chi non disponeva cioè di una riconosciuta capacità giuridica, ma anche di armi, armati o beni economici in termini di signoria territoriale, che erano poi cose che andavano di pari passo – era *pauper* nella misura in cui aveva bisogno del sostegno altrui per vivere o anche, semplicemente, per sopravvivere.

Erano pertanto *pauperes* i "poveri" propriamente detti, quelli che vivevano di elemosine e che si spostavano di città in città e di santuario in santuario esibendo le loro miserie; ma lo erano anche i chierici in quanto bisognosi di un protettore, le vedove e gli orfani che necessitavano di un tutore, tutti i marginali rispetto a un potere che si presentava principalmente come la somma del diritto a legiferare e a far applicare le leggi, della proprietà o del possesso della principale fonte di ricchezza dell'epoca (la terra), e della forza militare, che era garante anche delle altre due cose.

I *pauperes* partono per Gerusalemme

Il movimento di pellegrinaggio armato che si mosse in seguito ai due concili di Piacenza e di Clermont del 1095, e che dette luogo a ciò che noi definiamo la "prima crociata", fu sulle prime solo il viaggio guerriero di più gruppi di armati intenzionati a rispondere a un appello dell'imperatore bizantino, il quale aveva urgente bisogno di mercenari occidentali per condurre le sue guerre contro i turchi che durante l'XI secolo si erano insediati nella penisola anatolica e che avevano inflitto alla compagine militare bizantina cocenti sconfitte.

L'offerta dell'imperatore di Costantinopoli era tuttavia passata attraverso papa Urbano II, uno dei riformatori che avevano collaborato con Gregorio VII, con Pier Damiani e con altri, a quel vasto movimento di ridefinizione del ruolo della gerarchia sacerdotale e della sua posizione rispetto ai laici, nonché di rifondazione delle categorie etiche della proposta cristiana che va ormai sotto il nome di "riforma ecclesiastica dell'XI secolo". La riforma aveva dato l'avvio a una vasta e profonda istanza penitenziale, diffusa sia tra i ceti egemoni, cioè nell'aristocrazia militare, sia tra quelli subalterni, cioè anzitutto negli strati sociali medi e bassi della nascente civiltà urbana.

Accanto all'*iter* (questo il termine latino che caratterizzava la "spedizione militare"), e in simbiosi rispetto ad esso, partì quindi per l'Oriente, nel 1096, una composita *peregrinatio* di *pauperes* d'ogni genere, inermi o mal armati, obiettivo della quale era non tanto il combattimento contro i turchi d'Anatolia, quanto il santo viaggio fino a quella Gerusalemme che si sapeva (o si credeva) minacciata e profanata dai musulmani. Alcuni *prophetae* non o mal inseriti nella gerarchia ecclesiale del tempo – predicatori e visionari viaggianti – guidavano le schiere dei pellegrini, la cui vera meta era non già la Gerusalemme concreta, bensì quella "celeste", anticipata e promessa dall'*Apocalisse* di Giovanni: la Città Santa nella e dalla quale avrebbe avuto inizio il Regno dei Cieli, il tempo e il luogo della Giustizia.

Queste illusioni, durante la riforma, erano state coltivate dagli innovatori per eccitare i fedeli contro una Chiesa tradizionalista che viveva di potere e di riti, ma che era quasi estranea al messaggio cristiano intimamente vissuto ed era fin troppo adeguata al potere delle aristocrazie laiche, dalle cui famiglie gli stessi vescovi e gli stessi abati solitamente provenivano.

Man mano che i riformatori avevano conquistato le vette del potere ecclesiale, avevano trovato sempre più ingombranti questi loro sostenitori che – come i cosiddetti "patarini" lombardi e toscani – mettevano in dubbio che i preti indegni potessero amministrare i sacramenti e s'indignavano contro i prelati che facevano commercio venale delle cariche della Chiesa o che si accompagnavano con donne.

Erano stati, quelli, i frutti di una Chiesa imbarbarita e caduta per secoli in mano alle grandi dinastie dell'aristocrazia guerriera, che s'intendeva di cavalli e di caccia ma non di Bibbia e di liturgia e tanto meno di Vangelo.

Ora, però, i riformatori che si erano impadroniti del governo della Chiesa si ponevano il problema dell'ordine e della continuità delle istituzioni e preferivano recuperare i prelati corrotti sì, ma in grado di governare, piuttosto che darsi all'avventura spirituale d'una Chiesa povera, evangelica e ingovernabile. Una volta di più, le istituzioni s'imponevano sul carisma.

Sotto questo profilo, la crociata fu il grande movimento dei perdenti. Partirono molti contadini o appartenenti ai ceti meno abbienti dei piccoli centri rurali, desiderosi di trovare terra, lavoro, ricchezza; partirono coloro che desideravano una spiritualità cristiana rinnovata da una più stretta adesione al Vangelo; partirono alcuni *milites* agguerriti ma spiantati e si posero al seguito di alcuni grandi *domini* che però, rei di aver giocato la carta sbagliata opponendosi al movimento dei riformatori, ora capivano di dover cambiare aria per un po' e di doversi rendere degni, con un viaggio che era anche penitenziale, di venir riammessi nella compagine cristiana.

Un'*élite* votata al combattimento

La crociata fu così anche espressione d'un mondo signoriale e militare in crisi: come pare si fosse espresso con grande cognizione di causa papa Urbano II nel suo discorso di Clermont, nel novembre del 1095, «se proprio non erano capaci di vivere senza far guerra, smettessero almeno di farne di fratricide, insanguinando il suolo cristiano: e andassero a farle agli infedeli».

Il nerbo dell'ambiente feudosignoriale cui il papa si rivolgeva era costituito da quelli che noi chiamiamo "cavalieri", e che il latino del tempo definiva *milites*: uomini di varia condizione giuridica ed economica. Potevano difatti esser vassalli di un *senior*, dal quale ricevevano una sorta di salario sotto forma di terre da gestire o di beni come armi e cavalli, in cambio di un servizio militare; oppure liberi proprietari, "alloderi", com'era comune specie in Italia; o ancora guerrieri d'origine giuridica non-libera, come accadeva in Germania, i cosiddetti *ministeriales*. La fondamentale attività dei *milites* era combattere con cavalli e armamento pesante: tale condizione era connotata da tradizioni, riti e insegne che ne facevano una sia pur composita e ancor fluida *élite*, facilmente individuabile nella società del tempo (*cfr.* documento 1).

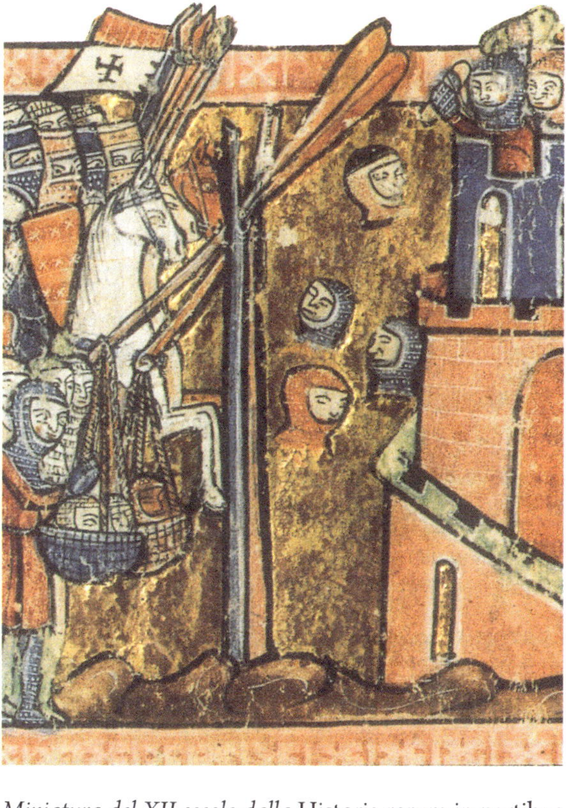

Miniatura del XII secolo dalla Historia rerum in partibus transmarinis gestarum *di Guglielmo di Tiro (Bibliothèque Nationale de France, Parigi) che illustra le tecniche di assedio dei crociati in Terrasanta: le teste dei saraceni uccisi vengono lanciate tramite un trabocco (catapulta fissa di grandi dimensioni) contro le mura della città per seminarvi il panico.*

I *milites* appartenevano per loro natura al mondo dei *potentes*. Tuttavia, nel corso dell'XI-XII secolo, e appunto sull'onda di quelle spedizioni che ormai siamo abituati a designare come "crociate", andò sempre più affiorando una speciale categoria, della quale sono testimoni le cronache non meno che le *chansons* epiche: quella dei *milites* che non avevano un loro preciso punto di riferimento in un ricco e possente *senior* e che potevano disporre solo dei loro due o tre cavalli e di un piccolo seguito. Si tratta dei *pauperes milites*, dei *povres chevaliers*: i "poveri cavalieri". Un'espressione, questa, effettivamente paradossale, nella quale sostantivo e aggettivo entrano in un obiettivo contrasto, che ben rappresenta quindi la fluidità e la potenzialità di mutamento sociale che la crociata esprimeva.

Una santa legione straniera

L'epoca della prima crociata era un tempo di associazioni e di vita comune: in Europa, nuovi Ordini monastici, Ordini canonicali, *fraternitates* laicali erano stati la colonna vertebrale della riforma.

Non c'è dubbio che alla base della decisione di alcuni *povres chevaliers* di votarsi per sempre alla difesa della Terrasanta – che in tempi diversi avrebbe equivalso a un abbandono monastico del mondo – vi fosse un sincero bisogno di *metanoia* ("pentimento"), una scelta spirituale rigorosa. Questi cavalieri erano penitenti anzitutto perché si erano convertiti e, insomma, secondo il linguaggio ecclesiale e mistico del tempo, ambivano a non far più vita da *milites huius saeculi* ma a divenire in tutto *milites Christi*. Molti altri loro colleghi, professionisti delle armi e della guerra, restarono nel territorio siropalestinese e, mettendosi al servizio dei grandi principi "franchi" che avevano scelto d'insediarvisi, tentarono la fortuna che avrebbe condotto alcuni di loro ad ottenere terre e ricchezze. Era quella che i romanzi cavallereschi avrebbero definito l'*aventure*, e che di solito si risolveva in uno stabile e confortevole inserimento nell'ordine feudosignoriale. Ma c'erano anche gli inquieti, quelli che erano partiti sotto il peso di un rimorso e che avevano scelto una vita di erranza e di combattimento anche come esperienza d'espiazione: le loro prospettive erano la preghiera, il servizio ai poveri, il combattimento nel nome di Dio.

Vanno al riguardo considerati due fattori. Primo, il peso del movimento riformatore, soprattutto nell'indirizzo che gli aveva impresso Ildebrando di Soana, poi divenuto papa Gregorio VII; secondo, l'emergenza del momento, quella che in termini etico-teologici si sarebbe definita la *necessitas*.

I riformatori avevano per quasi un secolo lottato duramente contro i fautori della Chiesa tradizionalista e i laici che, tenendola in loro potere, ne impedivano la *libertas*, il pieno dispiegarsi del suo potenziale in termini spirituali. In ciò erano stati costantemente aiutati soprattutto da *potentes* laici convertiti al loro programma; essi, che avevano fatto le proprie scelte sulla base d'una più intima riconsiderazione religiosa della vita (alla quale peraltro, in molti casi, potevano andar congiunte ben concrete situazioni di potere, di prestigio e d'interesse), avrebbero voluto *exire de saeculo* e condurre, proprio nel nome dei valori spirituali conseguiti, un'esperienza devota. Il *miles Christi*, che nei primi secoli di vita della Chiesa era stato considerato il martire per eccellenza, ormai era anzitutto quello che accettava il "martirio incruento" della penitenza: il monaco. Ma alcuni riformatori, che avevano bisogno di un appoggio anche politico e militare alla loro causa, avevano a questo punto ostacolato proprio le scelte più decisamente spirituali. Non bisognava *exire de saeculo*, bensì restarci e lì combattere con le armi mondane sì, ordinate però alla buona causa. Gregorio VII aveva coniato al riguardo l'espressione *milites sancti Petri*.

Si era cioè a una nuova forma di *conversio*: non più l'abbandono del mondo, ma il restare nel mondo per agire in esso usando gli strumenti mondani per un fine che tale non era considerato. Fu questo il modello che i guerrieri di Terrasanta scelsero, ma che si rivelò subito in parte almeno insufficiente e inadeguato.

Come comporre allora un vivo e potente desiderio di penitenza, che si traduceva immediatamente nell'istanza di abbandonar le armi, con le esigenze pratiche del Regno di Gerusalemme, che senza appoggio militare sarebbe stato sommerso entro poco tempo dall'ondata della controcrociata musulmana?

La "prima crociata": un'impresa senza programma

La crociata, al suo nascere nell'XI secolo, non è ancora designata come tale da una "parola" specifica. Ci sono però i "crociati", cioè i *cruce signati,* i pellegrini che hanno formulato a Clermont il voto di partire per l'Oriente secondo la volontà di papa Urbano II. Con essa si può dire che, se non proprio le "masse", quanto le folle siano salite per la prima volta alla ribalta della storia dopo l'età antica.

Secondo stime tutt'altro che certe e oggetto di continue discussioni, la crociata mobilitò più o meno diecimila persone – una quantità enorme per quel tempo – delle quali forse il dieci per cento circa era costituito da veri e propri "armati". Le restanti schiere di pellegrini avevano bisogno di chi le inquadrasse e le guidasse, forse anche le istruisse al combattimento. Se ne dovettero occupare anche, forse soprattutto, certi cavalieri marginali, sovente in cerca di fortuna, magari ex-banditi o comunque gente che in un modo o nell'altro aveva qualcosa da farsi perdonare.

Alcuni di loro, forse, avevano addirittura abbandonato volontariamente le ricchezze e si erano messi in cammino con i pellegrini cercando di dare un senso penitenziale alla loro esperienza: erano, magari, laici guadagnati ai nuovi ideali di vita evangelica che correvano per l'Europa del tempo.

La prima crociata riuscì anche perché fu un'impresa folle, portata avanti senza alcun programma tattico-strategico, condotta contro tutte le norme climatiche e geopolitiche: senza la conoscenza del terreno, delle strade, del nemico. Ma venne a inserirsi in un Oriente musulmano profondamente diviso dalla rivalità tra due califfi – quello sunnita di Baghdad e quello sciita del Cairo – e lacerato dalla rivalità tra arabi e turchi nonché privo di qualunque unità politica.

Dopo aver conquistato, distrutto e massacrato, i pellegrini ritennero, in gran maggioranza, di aver concluso il loro dovere e si apprestarono a tornare indietro: solo un pugno di prelati, in stretta connessione con il papa riformatore, e di aristocratici, che con il loro seguito avevano più o meno tagliato i ponti con l'Europa, pensò di rimanere in un territorio isolato, che era stato oggetto di conquista ma non di riorganizzazione, dove i musulmani stavano – una volta riavutisi dalla sorpresa – già pensando alla rivincita.

Bisognava organizzare delle istituzioni: e, più o meno, si creò una monarchia feudale, il Regno latino di Gerusalemme. Mancavano però i difensori della nuova istituzione. Mentre i musulmani dell'area che era stata attraversata dai pellegrini armati occidentali si stavano riprendendo dalla sconfitta e si andavano riorganizzando per rispondere, nella Terrasanta occupata dai nuovi venuti restavano – a presidiare le città conquistate e (quel che più stupisce) a far conquiste nuove – poche centinaia di cavalieri. Spesso una grande città era presidiata da un pugno d'armati, non più di qualche decina, cui si aggiungevano periodicamente dei mercanti e dei marinai italiani (esperti se non altro con gli archi e nelle opere di carpenteria, ordigni d'assedio inclusi) e qualche sporadico pellegrino.

Ma i pellegrini disarmati, la maggioranza, costituivano un problema in più: non sapevano combattere, bisognava accoglierli, assisterli, guidarli, alloggiarli, nutrirli, difenderli.

Pare che per questo motivo – per presidiare le fortezze, le strade e gli ospizi – si cominciassero a formare ben presto dei piccoli nuclei di *povres chevaliers* che erano anzitutto "poveri" volontari: mentre i loro colleghi si davano all'avventura e alla conquista di città e di castelli in una terra per loro nuova, sterminata e aperta a ogni iniziativa audace, essi (talora, a quanto sembra, per un sincero desiderio di penitenza e magari avevano molto di cui far penitenza, per la vita che avevano condotto in Europa) si votavano a far vita comune, a non cercar ricchezze, insomma a essere crociati e penitenti per sempre. Una sorta di santa legione straniera, per il momento spontanea e non soggetta pertanto ad alcuna norma, se non quelle che i singoli gruppi si davano.

2.
I Cavalieri del Tempio

Nella pagina precedente:
Miniatura ripresa dalla Historia rerum in partibus transmarinis gestarum *di Guglielmo di Tiro (XII secolo) conservata presso la Bibliothèque Nationale de France.*
Baldovino II cede a Ugo di Payns la sede del "Tempio di Salomone" per ospitarvi l'Ordine dei Templari.

Tra il primo e il secondo decennio del XII secolo un gruppo di cavalieri si era riunito attorno a un nobile originario della Champagne e imparentato forse con i conti di quella regione: Ugo "de Paganis", o di Payns, o Payens. Pare fossero in tutto una decina o una ventina e che avessero deciso di consacrare il resto della loro esistenza alla difesa dei Luoghi Santi e dei pellegrini contro le incursioni degli infedeli. In un primo tempo si erano messi al servizio dell'ospedale di San Giovanni, un'installazione sita a sud della basilica della Resurrezione e molto vicina ad essa, e in cambio del loro servizio armato vivevano poveramente degli avanzi della mensa dei pellegrini nonché, presumibilmente, delle elemosine dei gestori dell'ospizio, necessarie a mantenersi efficacemente armati per poter assolvere al compito di difesa cui si erano votati.

Tra il 1118 e il 1120 – la cronologia è incerta – re Baldovino II di Gerusalemme lasciò a disposizione di quella *fraternitas* il luogo che era stato fino a quel momento adibito a reggia, ossia la moschea di al-Aqsa sul lato meridionale della "spianata del Tempio" (l'*haram esh-Sharif*, "il nobile recinto"), che era (ed è) situata nel lato sudorientale della città, e si trasferì in quello occidentale, nella cosiddetta "torre di David" presso la porta di Jaffa. Sulla "spianata del Tempio" sorgevano (e sorgono), fin dal VII secolo, due moschee: la prima, sul luogo tradizionalmente indicato come il monte Moriah, sulla vetta del quale Abramo avrebbe posto l'altare per il sacrificio del figlio Isacco, era detta perciò "la Cupola della Roccia", ed è la splendida ottagonale moschea di Umar (più propriamente, si tratta di un santuario); la seconda, a forma di basilica bizantina, era la moschea vera e propria, detta appunto "al-Aqsa" ("la Lontana", secondo la visione di Muhammad), eretta in ricordo dell'ascensione del Profeta al cielo.

Entrambe sorgevano (e sorgono) nell'area dove fino alla distruzione voluta dall'imperatore Adriano nel 135 v'era il Tempio.

Povertà, castità, obbedienza e lotta contro i "nemici di Dio"

Due sacri edifici, quindi, nel luogo sul quale secondo la scrittura sorgeva il Tempio. Perché due? I pellegrini non avevano mai troppo ben capito il rapporto fra la Gerusalemme biblica ed evangelica da una parte, quella nuova (risistemata da Costantino nel IV secolo sulla base della Aelia Capitolina adrianea) dall'altra: i due edifici sacri li disorientavano. Non era chiaro quale fosse il loro rapporto con il Tempio di cui si leggeva nelle Scritture. Erano perciò ricorsi a un curioso sdoppiamento: chiamavano *Templum Domini* la moschea di Umar, *Templum Salomonis* quella di al-Aqsa, come se nella Bibbia essi corrispondessero a due edifici distinti.

Insediandosi quindi nel "Tempio di Salomone", Ugo di Payns e i suoi seguaci vennero chiamati forse da subito *milites Templi, Templarii*: era l'uso del tempo, secondo il quale, quando un gruppo di religiosi sceglieva di ritirarsi in un qualunque luogo, ne assumeva di solito il nome. Nulla di strano pertanto se quegli armigeri che a loro volta ambivano a costituire un gruppo riconosciuto dalla Chiesa e da essa abilitato a menar vita in comune venissero designati, dal luogo nel quale risiedevano, "Templari". Ma, per quanto era in loro, essi non si chiamarono mai se non *pauperes milites Christi* e come tali formularono nel 1120, alla presenza di Gormondo patriarca di Gerusalemme, i tre voti monastici tradizionali (povertà, castità, obbedienza), cui aggiunsero un quarto, la lotta senza quartiere contro i nemici di Dio. La data esatta della loro nascita come *fraternitas* formalmente riconosciuta è il 23 gennaio del 1120, durante un concilio tenuto a Nablus in Samaria, a nord di Gerusalemme. Era un momento difficile: i "franchi" – così arabi e bizantini chiamavano gli europei – avevano subito dei rovesci militari, ai quali si erano aggiunti terremoti e incursioni di animali che, come i topi e le locuste, distruggevano i raccolti e si presentavano simbolicamente come un castigo di Dio. Re e patriarca, concordi, dovettero ritenere che quel pugno di guerrieri pronti a combattere a tutti i costi fosse provvidenziale.

Il voto del 1120 non faceva tuttavia ancora di Ugo e dei suoi amici null'altro se non dei laici penitenti. Era necessaria, per trasformare la *fraternitas* in vera e propria *religio*, in Ordine religioso, una sanzione ecclesiale, ed era molto arduo che fosse accettato come tale quel gruppo di strani penitenti, che non rinunziavano a portar le armi in quanto, in caso contrario, sarebbe stato loro impossibile adempiere al voto di difesa della Terrasanta e dei pellegrini: era essenziale che restassero in armi, ma impossibile che fossero accettati come membri di un Ordine chiericale dal momento che «*Ecclesia abhorret a sanguine*». Tuttavia la notizia dell'esistenza del sodalizio dovette correr presto per l'Eu-

Il cistercense Bernardo di Clairvaux consegna ai Templari la regula *dell'Ordine in una litografia del XIX secolo conservata nella Bibliothèque des Arts Decoratifs di Parigi. Mentre non è sicuro che Bernardo abbia effettivamente redatto la* regula, *a lui si deve certamente il trattato* De laude novae militiae, *che compose in omaggio al nuovo Ordine.*

ropa e far talmente tanti proseliti, o suscitare comunque tanta emozione, che si dovette in un qualche nuovo modo prenderne atto.

Nel 1125 si era unito a quel gruppo di armati, che probabilmente si chiamavano fra loro con l'espressione di *povres chevaliers,* addirittura Ugo conte di Champagne; anche delle donne pare volessero partecipare in qualche modo alla vita della *fraternitas,* come *sorores*; e molti erano i cavalieri che chiedevano di venirvi affiliati, sia pure a tempo determinato (magari per la durata di un pellegrinaggio). Ugo di Payns si lasciò persuadere, verso il 1127, a fare un giro in Europa, in parte "di propaganda", in parte di richiesta di appoggio e di offerta di spiegazioni sulla sua iniziativa. La sua fortuna fu d'incontrare l'uomo che senza dubbio era il più autorevole, ammirato e temuto nella Chiesa del tempo: il cistercense Bernardo, abate di Clairvaux. Uno zio di Bernardo, Andrea di Montbard, era tra i fondatori della *fraternitas*. Qualcuno ha supposto che lo stesso Ugo fosse in qualche modo imparentato con quel grande, sublime, terribile mistico che era già – poco meno che quarantenne e noto per la sua aspra tenzone con Cluny – una specie di "dittatore spirituale" della Chiesa latina del tempo.

Certo, però, anche papa Onorio II era favorevole al nuovo esperimento. Ugo di Payns si presentò quindi nel 1129 al concilio di Troyes, formalmente per raccogliere aiuti in uomini e mezzi al fine di consolidare la conquista della Palestina, ma in realtà per ricevere la sanzione ufficiale della sua iniziativa. Nasceva così una nuova *religio*, della quale è molto improbabile (nonostante quel che di solito si ripete) che Bernardo abbia scritto – quanto meno direttamente – la primitiva *regula*: per quanto di essa sia molto probabile che egli si sia occupato da vicino.

Come nel caso di altri Ordini militari – primi fra tutti gli Ospitalieri di San Giovanni – la primitiva ispirazione dovette comunque venire non già dagli Ordini monastici, bensì da quelli canonicali, che erano pensati per disciplinare la vita comune del clero secolare. La *fraternitas* dei *povres chevaliers* riunita attorno ad Ugo era stata in un primo tempo sotto la tutela spirituale – ma probabilmente anche pratica – dei canonici regolari della basilica della Resurrezione, che vivevano secondo la regola agostiniana, ed era poi entrata in contatto con l'altro sodalizio canonicale, quello insediato nel *Templum Domini* trasformato in chiesa dedicata alla Vergine Maria.

Una cavalleria di tipo nuovo

Furono tuttavia i benedettini riformati della congregazione di Cîteaux che meglio poterono comprendere le aspirazioni di Ugo e dei suoi in rapporto alle esigenze concrete di quel momento. In appoggio alla *regula* Bernardo accettò, fra 1129 e 1136 (ma è probabile che le date effettive siano state il 1130-1131), di scrivere un trattato, *De laude novae militiae,* nel quale lodava il sorgere di una "nuova cavalleria" (*cfr.* documento 2), non più perduta dietro alle cose del mondo, ma tesa invece alla preghiera e alla lotta per la difesa della pace e dei Luoghi Santi. Essa sarebbe stata in grado di vivere pertanto lo scontro guerriero come metafora di quello dell'anima contro il peccato e come preghiera e quindi il trattato illustrava il valore allegorico-mistico della Palestina con pagine splendide dedicate al Sepolcro, a Betlemme, al Giordano, a Nazareth.

Gli Ordini monastici, secondo il modello benedettino, si distinguevano al loro interno in una *élite* di sacerdoti e di chierici, cui era affidato il servizio divino, e in un più ampio gruppo composto da *fratres* laici adibiti alle necessità pratiche dei singoli impianti monastici e indicati come *conversi*; negli Ordini militari, un numero relativamente ristretto di questi laici era adibito al combattimento, e all'interno di esso vi erano "cavalieri" – se avevano ricevuto la cerimonia di vestizione, l'"addobamento", prima di entrare nell'Ordine – e "sergenti", cioè aiutanti in battaglia.

A far superare le difficoltà inerenti all'ammissione che in un Ordine monastico vi fosse chi portava le armi e addirittura spargeva sangue – anche Bernardo, in visibile difficoltà dinanzi a questo punto, aveva nel *Liber de laude* parlato del nemico come figura del Male e pertanto della sua necessaria soppressione in battaglia, giustificabile in quanto non propriamente "omicidio", bensì piuttosto "malicidio" – giovarono forse non solo la necessità che si andava profilando in Siria-Palestina, ma anche le vicende, sotto molti aspetti ad essa parallele, della guerra contro i mori di Spagna.

Si continua a dibattere se, e fino a che punto, le *militiae* cristiane possano essersi addirittura ispirate a modelli provenienti da quello stesso Islam che pure si combatteva. Si è al riguardo citato il caso del *ribat,* la fortezza ai confini del *dar al-Islam,* la "terra dell'Islam", adibita ad avamposto, nella quale guerrieri volontari prestavano servizio per qualche tempo. L'istituzione del *ribat* – un termine affine a *irtibat,* "legame", "vincolo", con valore anche religioso, quindi molto prossimo al latino *religio* – era nata nell'Africa settentrionale e i suoi residenti erano i *murabitun,* quei santi asceti guerrieri che costituirono alla fine dell'XI secolo il nucleo dei cosiddetti "almoravidi" e che salvarono con il loro tempestivo sbarco nella penisola iberica l'Islam arabo-spagnolo sul punto di cedere dinanzi all'offensiva castigliana e aragonese.

Pare che, proprio a somiglianza del *ribat*, fosse nata nel 1122 in Aragona la "confraternita di Belchite", alla quale re Alfonso I assegnò il compito di difendere i confini e di combattere gli infedeli. In tale sede si fece strada anche il concetto, nuovo per il mondo cristiano quando si trattava d'impegni a carattere religioso, di servizio temporaneo.

Molti studiosi si sono chiesti se l'Ordine templare non possa essere un'evoluzione del modello accettato dalla "confraternita di Belchite" e reso più coerente con il monachesimo cristiano. Anche in questo caso, il tramite più logico per lo sviluppo di queste idee sarebbe stato l'Ordine cistercense, fortemente presente nella penisola iberica della *Reconquista*. Ma bisogna dire che, al di là della plausibilità cronologica d'uno sviluppo del genere e delle indubbie somiglianze formali, nessuna prova concreta autorizza ad andare oltre la ragionevole e affascinante ipotesi.

Dopo il concilio di Troyes e la *regula* che vi venne elaborata – e che avrebbe ricevuto varie stesure, prima in latino, poi in franco-settentrionale – ai Templari fu assegnata una veste: un mantello bianco per i cavalieri, bruno – cioè marrone cupo – per i sergenti e tutti gli altri membri dell'Ordine. Ogni altro ornamento era vietato: sia nell'uso di questi colori, sia nell'austerità, i Templari si ispiravano alla regola cistercense.

*Particolare dagli affreschi presenti sulla controfacciata della chiesa di San Bevignate a Perugia (XIII secolo) che riporta la fedele rappresentazione di un cavaliere Templare, con la barba lunga e l'insegna bipartita (*baussant *o* bauceant*) dipinta sullo scudo, a indicare probabilmente la doppia natura dell'Ordine, forza guerriera e purezza di spirito.*

Con la bolla *Omne datum optimum* del marzo 1139 fu concesso ai membri della *Militia* di portare sul mantello, in alto a sinistra, il simbolo della croce vermiglia, della quale ignoriamo tuttavia forma e dimensioni originari. Si può affermare che, in linea generale, si trattava della medesima croce del pellegrinaggio armato a Gerusalemme, la "crociata": portarla significava – è stato da più parti affermato – essere "crociati per sempre". Una formula forse efficace sul piano pratico, ma pericolosa e foriera di confusione su quello giuridico-formale: il "crociato" è, per definizione, quello che risponde a un'esplicita chiamata – che si presenta sotto forma di bando pontificio – ed esprime un voto, sciolto il quale torna alla sua condizione ordinaria di fedele.

L'insegna templare più nota e conosciuta non appena lo statuto simbolico dell'Ordine si fu definitivamente fissato – e che dai vessilli passò anche sugli scudi – era *baussant* o *bauceant*, cioè "balzana", bipartita, divisa in senso orizzontale, bianca in alto e nera in basso. Indicava forse i due ranghi dell'Ordine, i cavalieri e gli altri, o le due caratteristiche base dell'Ordine già indicate da Bernardo, la bianca purezza e mansuetudine, la nera forza guerriera. Il santo aveva infatti dichiarato che i *milites* avrebbero dovuto essere agnelli per gli amici, leoni per i nemici.

Gli affreschi di San Bevignate (Perugia) sono tra i pochi documenti iconici sicuramente templari e presentano appunto vessilli e scudi caratterizzati da questi colori, che – come ben ha dimostrato lo studioso di simbolica e di araldica Michel Pastoureau – sono i tre fondamentali, antropologicamente parlando: il bianco caricato della croce rossa e il nero. Qualunque ornamento dell'abito, così come cinture impreziosite o armi incrostate di dorature, era proibito: come dalle chiese cistercensi erano banditi affreschi dipinti e vetrate istoriate, allo stesso modo dalla *Militia Templi* era bandito ogni colore che non fosse quello previsto per l'abito e quello del nudo ferro delle armi (*cfr.* documenti 3 e 4).

I Templari portavano, almeno nei primi tempi, capelli rasati, barba lunga (il che, nel XII secolo, non era affatto consueto per gli occidentali, salvo penitenti e pellegrini) e avevano il divieto sia di prender bagni all'uso orientale, sia di cacciare: escluso il leone, che pare fosse ancora presente in Siria-Palestina. Ma la caccia a quella nobile belva aveva anche un carattere simbolico profondo: il leone, che in altri contesti può simboleggiare il Cristo, rimanda altresì al nemico per eccellenza, il demonio. La caccia al leone ha quindi il carattere psicomachiaco della lotta contro il male e il peccato: anche uccidere il leone

– sull'esempio del biblico Sansone – è, come uccidere il saraceno nel *De laude*, una forma del "malicidio" cui il Templare è costantemente chiamato. Le altre forme di caccia, un'attività vietata ai monaci, sono interdette al templare (*cfr.* documento 5).

L'Ordine ottenne fin dalla bolla del marzo 1139 ampi privilegi. Quel documento sanciva la sua diretta dipendenza dalla Santa Sede; esso stabiliva inoltre che l'elezione del Maestro sarebbe stata diritto esclusivo dei membri dell'Ordine (senza alcuna interferenza), i quali avrebbero avuto anche sacerdoti propri, nonché l'opportunità di godere dei diritti fiscali connessi ai beni che venivano loro donati, di far questue e raccogliere elemosine. Altre bolle ampliarono i diritti e le prerogative del Tempio, in genere a scapito delle Chiese locali e con poca gioia dei vescovi: in tal modo l'Ordine divenne un formidabile strumento nelle mani delle aspirazioni monocratiche del papa sulla Chiesa latina; divenne altresì un grande proprietario terriero amministratore di aziende agricole fiorenti e un'importante impresa economica, finanziaria e commerciale, fino a poter trasferire denaro da un punto all'altro della Cristianità cismarina e transmarina, a funzionare come una banca e a mantenere una flotta, sia pure di navi noleggiate piuttosto che possedute.

Un'organizzazione complessa

Il governo dell'Ordine ebbe sede a Gerusalemme fino al 1187, quando la città fu riconquistata dai musulmani, poi ad Acri, fino al 1291, allorché dovette spostarsi per la stessa ragione; infine a Cipro.

Esso era retto da un *Magister*, un "Maestro", termine che in latino aveva anche un significato militare; questi – che solo alla fine del Duecento avrebbe ricevuto il titolo di "Gran" Maestro per distinguerlo dai *magistri* provinciali – governava assistito dal *couvent*, una specie di capitolo dei *fratres* che tuttavia non corrispondeva alla totalità di essi. Altre dignità dell'Ordine erano il "siniscalco", il "maresciallo", il "tesoriere", il "drappiere" o "sovrintendente" e così via. Dal punto di vista territoriale esso era suddiviso in commende: i "comandanti" o "precettori" (del Regno di Gerusalemme, della città di Gerusalemme, di Tripoli e Antiochia, di Francia e Inghilterra, del Poitou, d'Aragona, di Portogallo, di Puglia, d'Ungheria) guidavano le province dell'Ordine, che di tanto in tanto venivano soggette a ridefinizioni territoriali. Circoscrizioni minori erano le "balivie".

La nomenclatura dei capi di queste unità circoscrizionali è in effetti varia e fluida: "maestro", "ministro", "precettore", "procuratore", "commendatore". La cellula base dell'Ordine era tuttavia la "commenda", o "magione", che si strutturava come una casa-madre con delle frazioni. Di solito si trattava di insediamenti modesti, che soprattutto in Europa – dove l'Ordine si radicò molto presto grazie a una grande quantità di conversioni, di donazioni e di elemosine nel corso del XII secolo – avevano più l'aspetto di signorie rurali che non di centri militari.

La ramificazione delle case dell'Ordine in Oriente e in Occidente, i privilegi che lo rendevano praticamente immune da pretese giuridiche tanto ecclesiali quanto laicali, la fama di coraggio e di rettitudine dei monaci-cavalieri recò loro una straordinaria ricchezza immobiliare. Lo sfruttamento delle risorse ad essa collegate e l'accorto uso di capitali affidati al Tempio consentirono l'avvio di una vera e propria attività bancaria, che fu la prima del genere in Europa.

Grazie alle case dell'Ordine era possibile trasferire somme senza spostare concretamente il denaro liquido, ma affidandosi semplicemente a lettere di cambio che i Templari accettavano di gestire e di onorare. Senza dubbio, in ciò, fu importante che l'Ordine vivesse in Terrasanta a stretto contatto con i mercanti delle città marinare italiane, che avevano continuamente problemi ed esigenze del genere.

3.
Ricchi e audaci

Nella pagina precedente:
*Particolare da una miniatura presente sull'*Histoire des croisades *(fine XIII secolo) conservata presso la Bibliothèque Municipale di Epinal; il Saladino (a destra) è raffigurato durante un combattimento nei pressi di Ascalona con Baldovino IV, il "re lebbroso" di Gerusalemme.*

Sappiamo poco degli esordi militari del Tempio: anzi, le prime notizie ci giungono semmai dalla Spagna, dove verso il 1145 i Templari sono occupati nell'assedio di Almeria; ma nel continente europeo l'Ordine doveva essere già forte, poiché un gruppo di Templari al comando di Everard des Barres partì per la seconda crociata nel 1147, seguendo Luigi VII di Francia. Il coraggio e la disciplina dei *fratres* dell'Ordine e dei *confratres* che vi si erano aggregati temporaneamente suscitarono l'ammirazione dei crociati. Ma in Terrasanta i Templari avevano già combattuto con certezza fin dagli anni Trenta del XII secolo, specie nel Nord, cioè tra il principato di Antiochia e la contea di Edessa.

Tuttavia, già dai tempi della seconda crociata, la rivalità fra i Templari e gli Ospitalieri di San Giovanni in Gerusalemme sembra essere stata alla base di un equivoco in forza del quale, anziché attaccare l'*atabeg* Nur ad-Din, emiro di Aleppo e Mosul, che era l'autentica minaccia per il Regno di Gerusalemme, si finì con il porre l'assedio a Damasco, il cui emiro Unur sarebbe potuto essere un prezioso alleato per i cristiani.

Fu da allora che, in Occidente, cominciarono le accuse di "superbia", di "corruzione" e di "tradimento" nei confronti degli Ordini militari. La loro abilità nel combattimento e il loro coraggio erano fuori questione: il fatto è che questi si comportavano in Terrasanta come veri e propri "corpi separati", con una politica e una diplomazia propria, di solito alleati con questa o quella città marinara italiana (a loro volta, tali città si comportavano come "corpi separati" con le proprie colonie, specie costiere, in Siria-Palestina). Di solito i Templari si schieravano con i veneziani e i pisani, i Giovanniti con i genovesi: ma non era una regola fissa. Più tardi, nel Duecento, i Templari si sarebbero più spesso accostati ai sultani d'Egitto e ai Minoriti, i Giovanniti ai principi mongoli, agli armeni e ai Domenicani. La rivalità e l'emulazione, se non addirittura l'ostilità, restarono comunque una costante tra i due Ordini.

L'uso della forza e della diplomazia

Ai Templari spetta la gloria di aver partecipato da protagonisti alla conquista di Ascalona, nell'agosto 1153: ma anche in quest'episodio pare impedissero agli altri crociati di prender parte al saccheggio, confermando la fama di avidità e di superbia che già li circondava. In certe aree della Siria-Palestina essi avevano finito con il formare perfino delle aree autonome, dove erano i soli a tenere il controllo del territorio: così ad esempio al Nord, fra Baghras, Tortosa e Marqab.

I Templari recarono un deciso contributo anche ai reiterati tentativi del re di Gerusalemme Amalrico I, fra 1163 e 1168, di impadronirsi dell'Egitto. In tale occasione, essi dettero tuttavia anche prova di sapienza diplomatica: nel 1167, con un'intesa nei confronti del *vizir* del califfo sciita del Cairo, riuscirono a stipulare una tregua vantaggiosa che difesero poi con correttezza contro il parere di altri crociati.

Vero è che forse i Templari miravano a un certo monopolio del potere tra Gaza e Ascalona, come avevano ottenuto a nord, e non desideravano quindi altre campagne militari che avrebbero portato sul posto forze differenti dalle loro. Ma, anche in questo caso, le rivalità fra Templari e Ospitalieri contribuirono a far sì che l'Egitto cadesse nelle mani di un comune nemico, il Saladino, che da lì a qualche anno sarebbe divenuto sultano dell'Egitto e di Damasco.

Il coinvolgimento dei Templari nelle vicende politiche della Palestina crociata si fece più intenso con il Maestro Gerardo di Ridefort, un avventuriero entrato nell'Ordine in quanto non era riuscito a ottenere una signoria dal conte di Tripoli e che per questo, nel biennio 1185-1187, si appoggiò costantemente al "partito della guerra" che mirava a squilibrare i rapporti di forza e a provocare in campo aperto il Saladino. I Templari riuscirono a mettersi in urto anche con la setta sciito-ismailitica iniziatica detta "degli Assassini", con cui avevano avuto fino ad allora rapporti tanto stretti da indurre in seguito molti eruditi a sospettare che sussistesse un legame anche iniziatico fra loro.

Il periodo di magistero di Ridefort fu tragico per l'Ordine, che nel luglio 1187 partecipò alla battaglia di Hattin, chiusasi con una pesante sconfitta per le truppe crociate. In quell'occasione il Saladino dette ordine di uccidere tutti i Templari e gli Ospitalieri presi prigionieri: il che d'altronde era una scelta obbligata, dal momento che la loro regola imponeva di combattere i musulmani senza quartiere, che nessuno avrebbe pagato il riscatto e che, se tornati in libertà, avrebbero ripreso il loro ruolo di combattenti. Tutto ciò non lasciava scelta a un principe che pure, in linea di massima, era noto per magnanimità e per mitezza (*cfr.* documento 6).

Solo il Maestro Gerardo di Ridefort sopravvisse, dopo la battaglia, ai suoi confratelli, che vennero tutti trucidati: in cambio rese al sultano servigi quali l'ottenimento – con la sua autorità – della resa di alcune guarnigioni templari. Non è chiaro perché l'indegno personaggio agisse così: forse doppio gioco, forse paura delle conseguenze che gli si sarebbero parate dinanzi se non avesse collaborato, forse odio nei confronti di alcuni capi crociati, forse desiderio di rivalsa nei confronti dei suoi rivali cristiani. Comunque egli morì di lì a poco, nel 1189, senza avere il tempo di sviluppare i suoi disegni (ammesso che ne avesse).

Nel corso del XIII secolo il regno "franco" di Gerusalemme si era ormai ridotto a una sottile striscia costiera poiché la capitale e l'interno erano stati perduti dopo i successi del Saladino nel 1187 e il fallimento della terza crociata (1189-1192). In tali circostanze Templari e Ospitalieri giocarono un ruolo ancor più importante – ma più ambiguo, data la loro inimicizia – perché erano le due sole potenze in grado di sostenere militarmente il regno.

Quando tra 1228 e 1229 Federico II di Svevia giunse in Terrasanta per la sua crociata, i Templari lo avversarono con decisione – mentre un altro Ordine militare, quello degli Ospitalieri di Santa Maria detti "Teutonici", lo sostenne – sia perché l'imperatore era stato scomunicato dal papa, dal quale i Templari dipendevano direttamente, sia perché Federico II, stipulando una tregua con il sultano d'Egitto al-Malik al-Kamil, dal quale allora Gerusalemme dipendeva, aveva tuttavia consentito che l'*haram esh-Sharif* (cioè la "spianata del Tempio", dov'erano le due grandi moschee) restasse in mano ai musulmani: la moschea di al-Aqsa era stata fino al 1187 il centro storico dell'Ordine, che avrebbe ambìto di rientrarne in possesso. Per tutta risposta, Federico diffuse in Occidente nuove notizie relative alla presunta amicizia fra i Templari e i musulmani. Si trattava in realtà di un malinteso basato sull'incomprensione dell'equilibrio su cui si reggeva una "società coloniale" come quella del regno franco di Gerusalemme: ma funzionò. La questione sollevata era più complessa di come la propaganda imperiale volle presentarla: i Templari ritenevano si dovesse procedere a un accordo con il sultano di Damasco, congiunto ma anche avversario di quello d'Egitto, mentre gli Ospitalieri erano di opposto avviso. Anche più tardi, durante la crociata di san Luigi in Egitto fra 1248 e 1250, i Templari furono ripresi dal sovrano francese per aver trattato con gli infedeli.

Le ricchezze del Tempio

Le cose divennero drammatiche tra gli anni Cinquanta e gli anni Sessanta del XIII secolo. La Terrasanta crociata – ridotta ormai al "regno d'Acri": una sottile fascia costiera tra Libano ed Egitto attuali – e il sultanato mamelucco del Cairo erano entrambi minacciati dai mongoli discendenti di Genghiz Khan, che avevano conquistato la Persia e Baghdad: ancora una volta i Templari consigliavano di organizzare un fronte comune tra crociati e musulmani contro il nuovo pericolo e del medesimo avviso erano pisani e veneziani; gli Ospitalieri ritenevano si dovesse invece favorire l'avanzata mongola perché tra i nuovi conquistatori v'erano dei cristiani mentre, al contrario, il nemico della croce restava l'Islam. In effetti l'invasione mongola fu arrestata: ma ciò consentì ai sultani mamelucchi del Cairo di sferrare, subito dopo, l'ultima offensiva contro le città crociate del litorale franco-siriaco.

Centri demici e fortezze nelle mani dei "franchi" furono perduti uno dopo l'altro a partire dagli anni Sessanta del XIII secolo. Acri e l'ultima piazzaforte templare sul mare, Château-Pèlerin (Athlit), caddero nel 1291, dopo un'eroica difesa da parte dei *fratres*. Il centro dell'Ordine templare si spostò provvisoriamente a Cipro: ma si avvertiva che il suo ruolo militare in Terrasanta si era esaurito, e che ormai tanto valeva guardare all'Europa.

L'Ordine era molto ricco. Le donazioni provenivano da quanti entravano nel Tempio, da quanti anche provvisoriamente vi si associavano, ma anche da chierici e da laici per vari motivi. Non meno vari i tipi e le entità di tali donazioni: intere proprietà complete degli annessi diritti, castelli, dimore rustiche, diritti di riscossione d'imposte varie, lasciti più o meno consistenti in denaro, profitti provenienti da varie forme di transazione bancaria, perfino oggetti e animali. Ricchi proventi derivavano anche dalla politica funeraria, che i Templari condividevano con i rivali Giovanniti: molti aristocratici ambivano a venir sepolti nelle chiese dei due Ordini, che facevano valere le loro prerogative anche in periodi d'interdetto, allorché le cerimonie funebri avrebbero dovuto essere sospese o celebrate in modo dimesso.

Il mutare dei costumi dell'Ordine, parallelo alla sua perdita di funzione militare, era andato di pari passo con una forte perdita di tensione morale: la fama di superbia e di viziosità che i Templari si portavano dietro non era sempre né del tutto frutto di calunnia. Anche le fonti iconiche del tempo, ad esempio alcune lastre funerarie, ci mostrano sovente dignitari del Tempio sbarbati e dai capelli lunghi e curati: la primitiva austerità era decisamente venuta meno.

Frattanto, dopo le sconfitte del 1291, erano in molti a chiedersi a che cosa mai servissero gli Ordini militari, visto che non erano stati in grado di evitare la

Le effigi di alcuni cavalieri Templari sepolti nella parte più antica della Temple Church a Londra, progettata, con tutta probabilità, sul modello della basilica del Santo Sepolcro di Gerusalemme. L'edificio, costruito nel XII secolo come sede londinese dei Templari, passò dopo il 1307 tra i possedimenti dell'Ordine di Malta.

caduta definitiva del regno di Gerusalemme o di quel che ne rimaneva, né avevano intenzione di organizzare nuove crociate. Per la verità, allorché durante il I concilio di Lione papa Gregorio X chiese a tutte le principali componenti della cristianità latina la stesura di memoriali che facessero il punto sulla possibilità concreta di riorganizzare il recupero militare della Terrasanta – un obiettivo in ordine del quale si parlava insistentemente di unificare gli Ordini militari e di porli sotto il comando di un capo energico e prestigioso – i Templari, come gli Ospitalieri, presentarono i loro rispettivi dossier. Ma l'impresa decisiva, che avrebbe dovuto rovesciare la situazione della Terrasanta, non fu mai bandita.

L'architettura civile e religiosa dei Templari

L'Ordine era altresì titolare di molti edifici, sia militari sia religiosi. Molto si è detto a proposito della sua attività. Si è ad esempio parlato dei castelli templari di Terrasanta: alcuni hanno sostenuto che essi fossero più arcaici e meno elaborati di quelli degli Ospitalieri e che in genere si attenessero alla vecchia formula romano-bizantina del *castrum* quadrangolare. Ma si è trattato di tesi schematiche, che si fondano su scarsi esempi e non tengono per giunta conto, semmai, del fatto che tutte le fortezze di Terrasanta subirono una notevole evoluzione nel XIII secolo, allorché si dovettero adattare a funzioni prevalentemente o totalmente difensive.

Il castello del tipo *castrum*, quadrangolare, non è tipico tanto del Tempio quanto del XII secolo in generale, allorché da un lato le tipologie edilizie – evidentemente più "arcaiche" rispetto a forme successive – erano adatte prevalentemente all'offensiva. L'Ordine non sviluppò un'architettura militare elaborata durante il secolo XIII, anche perché allora alcune fortezze andarono perdute, mentre lo sviluppo tattico-strategico dei rapporti di forza in quell'area sconsigliò d'intraprendere lavori che avrebbero dovuto interessare fortezze sulle quali gravava sempre più l'ipoteca di un prossimo abbandono al nemico.

Molte inesattezze si sono dette sull'architettura religiosa templare, fantasticando su una sua specificità densa di valori simbolici. Ormai da tempo si è invece dimostrato al riguardo che i Templari ereditarono molte chiese da precedenti Ordini e da ambienti del clero secolare, senza responsabilità nella loro struttura, che in genere si guardarono dal modificare; quando ne edificarono direttamente, non è affatto vero poi che si mantenessero fedeli al tipo della chiesa a pianta centrale, rotonda secondo il modello dell'*Anastasis* del Sepolcro di Gerusalemme o ottagonale su quello del *Templum Domini*, la moschea di Umar.

Del resto, anche quando questo tipo di pianta si presenta in chiese templari, non è sempre dimostrabile che esso rappresenti la riproduzione dei Luoghi Santi gerosolimitani e, allorché per contro tale volontà di riproduzione simbolica sussiste, non è necessariamente detto che essa fosse consciamente e sistematicamente patrocinata dai Templari.

Pare comunque vero che i Templari di Parigi avessero costruito la loro chiesa sul modello della basilica del Santo Sepolcro; del medesimo tipo è la chiesa del Tempio Vecchio a Londra e quella del castello templare di Tomar in Portogallo. Un'altra celebre chiesa costruita alla stessa maniera, quella di Segovia, che custodiva una reliquia della Vera Croce, apparteneva invece ai canonici del Santo Sepolcro di Gerusalemme che erano i responsabili del suo impianto, per nulla "tipico" e tantomeno "esclusivo" del Tempio.

Peraltro, il modello della cappella poligonale non è legato di per sé né ai Templari né al "tipo" gerosolimitano: battisteri e cappelle funerarie hanno questa forma indipendentemente dalla simbolica legata alla Città Santa: oppure il legame con Gerusalemme c'è, ma si tratta della *Jerusalem coelestis* dell'*Apocalisse* che evidentemente trascende i supposti propositi degli architetti del Tempio. Del tutto fantasiose e arbitrarie, inoltre, le "notizie" secondo le quali misteriosi maestri d'opera legati al tempio avrebbero avuto parte nella costruzione delle cattedrali europee: si tratta di una mitologia esoterico-massonica che si è sviluppata a partire dal Sette-Ottocento e che ha a che fare con la cultura templaristica di allora, ma non certo con i veri *milites Templi.*

A quanto invece sembra, il tipo più caratteristico di cappella templare autentica è quanto mai semplice: un edificio a pianta rettangolare, navata unica, volta a botte, con o senza abside semicircolare. Anche quella dello stretto divieto di ornamenti è una mezza verità: alcune chiese templari, come Cressac nella Charente e San Bevignate a Perugia, sono affrescate. Il divieto, forte nei primi tempi dell'Ordine, andò poi smarrendo rigore e vigore fino a venir sostanzialmente obliterato.

Il patrimonio immobiliare e finanziario

Sull'origine del patrimonio dell'Ordine siamo ben informati: non abbiamo bisogno di pensare che l'Ordine avesse tratto dalle sue frequentazioni segrete con qualche setta islamica delle cognizioni alchemiche. Oltre alle donazioni, v'erano i lasciti testamentari *pro remedio animae* – di solito a fronte come s'è detto della concessione del diritto di esser sepolti nei cimiteri nell'Ordine – e le elemosine. Le donazioni *pro anima,* che potevano essere anche consistenti, comportavano l'obbligo dei membri dell'Ordine di pregare per il donatore: una sorta di assicurazione sulla vita eterna. In Spagna, Siria e Palestina le donazioni erano particolari: castelli, anzitutto, ma anche territori da conquistare, il che costituiva un indubbio incentivo alla guerra.

L'Ordine provvide ben presto, dal canto suo, a razionalizzare quanto meno quella parte di questi beni che era specificamente fondiaria: si procedette pertanto a forme varie di permuta, d'acquisto e di vendita che resero le proprietà templari più coerenti, più redditizie e ne accrebbero il valore.

La ricchezza dell'Ordine, sulla quale si è poi favoleggiato, era comunque rigorosamente finalizzata a uno scopo che il Tempio – troppo spesso oggetto di calunnie – non dimenticò mai: la difesa della Terrasanta. Dall'Europa (che per i Templari era l'Oltremare) partivano regolarmente verso il Levante guerrieri equipaggiati, cavalli, armi, materiale bellico; fortezze e guarnigioni si mantenevano con una quota fissa, la *responsio,* pari a un terzo della produzione dei beni dell'Ordine. I prodotti agricoli venivano commercializzati; ai proventi di tale attività si deve aggiungere l'entità dei canoni corrisposti dai contadini.

Accanto a questa densa attività in campo fondiario, i Templari ne avevano sviluppata una sotto il profilo finanziario e creditizio: non diversamente dagli altri Ordini militari, ma in modo forse più sistematico. La tendenza molto netta che vi si registrava era quella di convertire in denaro liquido ogni tipo di canone e di diritto. Inoltre la sicurezza delle case templari – a triplice titolo: come sedi di un sodalizio animato da un forte rigore, come fortezze militarmente custodite e come dimore difese da speciali forme di privilegio spirituale, che rendeva particolarmente grave profanarle – era nota al punto che chierici, laici e perfino sovrani se ne servivano per custodirvi i loro beni più pregiati, mentre non era raro che a membri dell'Ordine si affidassero funzioni di camerlengo e di amministratore. Insomma, il dilagare di chiacchiere e di dicerie, spesso di vere e proprie calunnie, aveva forse scalfito ma non compromesso la fama di purezza dell'Ordine. Anche qui, a far velo a molti osservatori moderni sono state opere sette-ottocentesche magari largamente di fantasia, come quelle redatte da Walter Scott o da Joseph von Hammer-Purgstall: il templare-mago, il templare-libertino, il templare-corrotto deriva più da quelle fonti – libere e arbitrarie rielaborazioni delle calunnie sparse dalla propaganda di Filippo IV il Bello durante il processo all'Ordine – che non dalle fonti processuali vere e proprie.

Certo è invece che il Tempio agiva come un vero e proprio banchiere e che in esso va visto per molti aspetti, si può dire, un primitivo nucleo dell'attività creditizia moderna. Alla fine del Duecento la sede templare di Parigi gestiva una sessantina di conti corrispondenti ad altrettanti depositi di illustri personaggi francesi, tra i quali il re di Francia. Il denaro poteva circolare sulla base di documenti che le diverse sedi templari rilasciavano e riconoscevano – e trasportare casse piene d'argento da una parte all'altra del mare per mezzo di semplici documenti scritti poteva ben sembrare magia, tra XII e XIII secolo! Si può inoltre parlare a tutti gli effetti di una corretta attività creditizia, dal momento che queste somme venivano anche fatte fruttare, il che includeva un sistema di pegni, d'interessi (di solito dissimulati sotto l'aspetto di cambio della moneta, per non contravvenire al divieto ecclesiastico) e di ammende.

La reputazione dei Templari consentiva loro inoltre di agire sovente come testimoni e come garanti. Naturalmente, finché l'attività militare dell'Ordine fu "vincente", a questi cespiti d'incasso si aggiungeva l'importo dei bottini di guerra e dei riscatti. Dalla seconda metà del XII secolo l'Ordine disponeva anche, come si è accennato, di navi sulle quali faceva circolare merci e pellegrini: in porti come Marsiglia e Brindisi la sua attività nautica era notevole.

In Occidente il Tempio – come del resto tutti gli altri Ordini, esclusi i Teutonici e i *Milites de Livonia* (i "portaspada") nell'Europa nord-orientale e a parte il caso della penisola iberica, dove era in atto la *Reconquista* – ebbe scarsa importanza militare. Anche a questo proposito, ci si dimentica che ai membri dell'Ordine era rigorosamente proibito portar armi in territorio cristiano e usarle contro i cristiani, tanto che essi non parteciparono nemmeno alla "crociata degli Albigesi".

Le magioni templari erano anzitutto centri agricoli; alcune erano veri e propri ospizi per vecchi, ammalati e disabili magari inviati lì dalla Terrasanta. Inoltre, molti Templari figurano come ambasciatori, consiglieri o faccendieri al servizio delle corti; né era raro che rivestissero le funzioni di amministratore. In Francia, già dalla metà del XII secolo il tesoro della corona era stato affidato al Tempio di Parigi: una solida e sicura fortezza, gestita da persone di sicura onestà. Nel 1295 Filippo IV il Bello provò a gestire in altro modo il tesoro, che fu trasferito al castello reale del Louvre e affidato ai due famosi – e famigerati – finanzieri fiorentini della famiglia dei Franzesi, Musciatto e Albizzo, *Mouche* e *Biche*: ma l'esperimento fallì e nel 1303 il tesoro tornò al Tempio.

L'accusa di connivenza con i musulmani

La vita quotidiana, stando agli statuti dell'Ordine, era molto semplice. Le privazioni erano limitate, com'è logico per un Ordine che ospitava dei combattenti: s'indossava vestiario adatto a difendersi sia dal freddo sia dalla calura, si aveva diritto a due pasti al giorno tranne che nei periodi di digiuno, si mangiava carne tre volte alla settimana. Il servizio divino occupava gran parte dell'attività del templare nella sua casa, e la preghiera comunitaria aveva grande importanza. Di solito le necessità liturgiche e penitenziali erano assicurate dai cappellani dell'Ordine: ma si poteva ricorrere ai servizi di sacerdoti esterni ad esso. Anche la carità e l'assistenza nei confronti dei poveri era importante, sebbene per ovvi motivi "vocazionali" non avesse quel ruolo primario che si riscontra tra gli Ospitalieri. Ogni domenica, dopo la messa, si teneva il capitolo durante il quale si giudicavano le colpe dei *fratres*: i casi più gravi erano demandati ai dignitari più alti dell'Ordine. La procedura disciplinare si basava sulla pubblica confessione degli errori e delle mancanze di ciascuno nei confronti della regola, il che tuttavia non sostituiva la confessione "auricolare". Le pene più gravi potevano arrivare fino all'espulsione dall'Ordine: ma comportavano di norma lavori "infamanti" e periodi di digiuno.

Templare che bacia un chierico, particolare da una miniatura marginale contenuta in Les voeux du paon *di Jacques de Longuyon (1312 circa), conservata presso la Pierpont Morgan Library di New York. L'accusa di atti osceni tra i membri dell'Ordine fu una delle più infamanti e diffuse tra quelle che gettarono discredito sulla reputazione dei Templari.*

Naturalmente, nelle case dell'Ordine del Tempio, come in qualunque altra dimora religiosa, abusi e atti di indisciplina dovevano essere consueti. I conflitti con le autorità laiche ed ecclesiastiche erano frequenti, né si potevano controllare le dicerie: la superbia, l'intemperanza e l'avarizia dei Templari erano proverbiali e naturalmente non mancava la sodomia, tuttavia in tutto ciò v'era molta esagerazione.

Nel corso del Duecento le dicerie aumentarono in significativo parallelo sia con gli smacchi militari in Terrasanta, che inducevano a interrogarsi sull'utilità degli Ordini militari, sia con l'intensificarsi della caccia agli eretici. Si parlava sempre più frequentemente delle case dell'Ordine come di ricettacoli di eretici e di viziosi. A proposito della prima accusa, va sottolineato come molti entrassero nell'Ordine del Tempio a titolo penitenziale e tra essi potevano ben esserci degli ex-eretici; riguardo alla seconda, bisogna dire che casi più o meno frequenti di sregolatezza (ad esempio a carattere omosessuale) si registrano in tutti gli ambienti nei quali persone dello stesso sesso vivono in comunità e che inoltre certe abitudini che i Templari potevano aver contratto in Oriente, e che in sé non avevano nulla di peccaminoso, potevano venir però giudicate con severità nel più rozzo Occidente. Quelle dell'igiene personale, ad esempio: un altro tema riguardo al quale la normativa della regola, alquanto rigorosa, doveva essere stata presto aggirata o disattesa.

Anche le accuse di connivenza con i musulmani possono esser comprese in quest'ordine di fenomeni e vanno ridimensionate: sappiamo ad esempio da un diarista arabo del XII secolo, l'emiro di Shaizar Usama ibn Munqidh, che i Templari consentivano ai musulmani (o almeno ad alcuni di essi) di pregare in un oratorio ricavato dalla loro sede gerosolimitana, che d'altronde era la moschea di al-Aqsa; inoltre, il fatto che i musulmani temessero i Templari in battaglia e li sterminassero quando cadevano loro prigionieri (come fece il Saladino all'indomani della battaglia di Hattin, nel luglio 1187) non toglie che certi rapporti fossero buoni e che, come si è già visto, negli anni Cinquanta del XIII secolo il Tempio fosse favorevole a un'alleanza con i mamelucchi d'Egitto contro i tartari. Fondarsi su episodi del genere per spargere la voce d'una connivenza con l'infedele doveva esser facile in ambienti come quelli dell'Occidente, nei quali la conoscenza dell'Islam era nulla.

Il discredito definitivo

Ma forse l'elemento decisivo che pose i Templari in cattiva luce fu la modificazione degli ideali e della pratica della crociata nel corso del Duecento. Le crociate contro gli eretici, e addirittura quelle politiche contro i nemici del papato, avevano gettato largo discredito sull'intero movimento crociato; la disciplina del riscatto venale dei voti e le continue richieste di denaro ne avevano fatto crollare la popolarità, tanto più che si vedeva con chiarezza che la riconquista della Terrasanta era ormai impossibile. Insomma, la crociata era diventata largamente impopolare: era una macchina per drenare soldi alla Cristianità mediante decime ed elemosine e, quando si traduceva in imprese effettive – come nel caso delle due promosse da san Luigi – finiva regolarmente in un fiasco. Ai Templari si faceva carico di aver assistito impassibili al fallimento dell'impresa, pur ostentando la croce ricamata o cucita sulla spalla.

Si poneva dunque il problema dell'utilità degli Ordini militari. A che cosa servivano, visto che avrebbero dovuto difendere la Terrasanta, che invece stava cadendo di nuovo in potere dei musulmani? E a che titolo risiedevano in Europa, arricchendosi con i lasciti, le elemosine e le speculazioni economiche, mentre in Levante le chiese venivano trasformate in moschee?

Gli occidentali che si recavano volontari in qualche spedizione crociata tornavano disgustati dal comportamento dei cavalieri degli Ordini militari: essi avrebbero voluto menar subito le mani e magari cadere martiri per la fede, ma Templari, Ospitalieri e *poulains* ("bastardi": gli europei nati oltremare o che da tempo vi risiedevano) erano vili, temporeggiavano, intrallazzavano, litigavano tra loro e trescavano con gli infedeli. In realtà i cavalieri degli Ordini e i *poulains* conoscevano il terreno e la situazione, le consuetudini militari musulmane e la loro mentalità: ma tutto ciò, per gli europei, era solo viltà.

Quanto ai nemici della crociata – e ormai ve n'erano in numero crescente: mercanti disturbati nei loro affari, mistici fautori del dialogo con l'Islam, ecclesiastici che preferivano la missione alla crociata – essi erano convinti che gli Ordini non facessero nulla per convertire i saraceni e si comportassero anzi spesso in maniera egoistica: come quando nel 1237 papa Gregorio IX aveva ordinato alle gerarchie della Terrasanta di battezzare e liberare gli schiavi che ne avessero fatto domanda, ma i Cavalieri del Tempio si erano opposti in quanto ciò avrebbe significato restare senza preziosa manodopera.

Nel 1274, al II concilio di Lione, papa Gregorio X avviò un'inchiesta su come si potesse organizzare una crociata futura e chiese risposte scritte. Da allora, una gran quantità di trattati sul recupero della Terrasanta proposero o addirittura pretesero l'abolizione degli Ordini militari o la loro fusione in uno solo.

Nel 1305 papa Clemente V domandò direttamente ai Maestri del Tempio e dell'Ospedale, Giacomo di Molay e Folco di Villaret, di esprimere un parere sulla futura crociata e sulla prospettiva di fusione dei due Ordini. Giacomo di Molay accettò di recarsi ad Avignone per discutere il primo dei due punti; Folco espose invece in un suo memoriale le ragioni di un parere negativo, fondato sul fatto che non si poteva coartare la volontà di chi aveva scelto un tipo di vita proponendogliene un altro e affermando che i due Ordini avevano molte differenze in termini di obiettivi e di qualità della vita. Ma neppure i sovrani europei gradivano la prospettiva di un Ordine unico che, se avesse raggiunto qualcuno degli scopi che avrebbe dovuto prefiggersi, sarebbe divenuto molto più forte di quanto singolarmente non fosse.

D'altra parte gli Ospitalieri, ormai radicati a Rodi e pronti a convertire la loro attività militare in marinara, avevano conservato dopo la caduta della Terrasanta crociata il loro obiettivo primario, la ragione del loro esistere: i poveri e gli ammalati. Al contrario, la ragione almeno formale dell'esistenza dei Templari era il possesso, il controllo e la difesa della Terrasanta: ora, dopo la caduta delle ultime piazzeforti oltremarine nel 1291, tale obiettivo era definitivamente tramontato.

4.
La fine del Tempio

Nella pagina precedente:
Particolare da una miniatura delle Grandes Chroniques de France *(XIII-XIV secolo) conservata alla British Library di Londra. Sono qui effigiati due Ospitalieri, riconoscibili dalle croci bianche (gli abiti dei Templari erano simili, ma recavano sulla spalla destra una croce rossa).*

Frate Guglielmo di Beaujeu, Maestro del Tempio, era caduto eroicamente difendendo San Giovanni d'Acri il 17 maggio del 1291. L'Ordine avrebbe forse meritato di finire con lui. Purtroppo avvenne altrimenti.

Nel 1305 un certo Esquieu de Floyran, priore templare di Montfaucon, comunicò a Giacomo II re d'Aragona alcune gravi accuse nei confronti dell'Ordine del Tempio, offrendosi anche di provarle: si trattava di eresia, idolatria e sodomia. Il re non gli dette ascolto. Esquieu si rivolse allora al re di Francia Filippo IV, che per tutta risposta dispose che i suoi consiglieri Guglielmo di Nogaret e Guglielmo di Plaisans aprissero al riguardo un'inchiesta.

In che modo Nogaret fosse uso raccogliere e ordinare le prove a carico degli inquisiti lo si sapeva bene: aveva già istruito il processo regio contro papa Bonifacio VIII, accusandolo di eresia e di magia. Per l'affronto a Bonifacio perpetrato ad Anagni, Nogaret era stato scomunicato: può darsi che in un primo tempo si sia cercato di barattare il silenzio sulle imbarazzanti accuse emerse a proposito dei Templari in cambio del ritiro di quella scomunica da parte di Clemente V. Ma il papa non mostrò di curarsi troppo della faccenda. Era quindi necessario un più chiaro ed esplicito avviso.

Clemente aveva comunque informato Giacomo di Molay, Maestro dell'Ordine, delle accuse che stavano circolando e questi lo aveva sollecitato ad avviare esplicitamente e rigorosamente un'inchiesta: ombre così disonoranti non potevano macchiare l'immacolato mantello dei Templari. Il 24 agosto del 1307 il papa comunicò dunque al re di Francia che avrebbe appunto aperto un'inchiesta.

I sovrani europei e l'*affaire* del Tempio

Il re non poteva certo a questo punto farsi scavalcare dal papa: tanto meno sapendo benissimo che l'esito di un'inchiesta corretta sarebbe stato negativo per le sue intenzioni. La sua risposta fu dunque pronta. Il 14 settembre, giorno simbolicamente scelto (era celebrata l'esaltazione della Croce), egli inviava ai suoi funzionari una lettera nella quale si disponeva l'arresto di tutti i Templari nel territorio del regno: essi erano accusati di rinnegare il Cristo, di sputare sulla croce, di commettere atti osceni quando un novizio veniva accolto nell'Ordine, d'impegnarsi con promessa solenne a commettere fra loro atti di sodomia. Un mese dopo, il 13 ottobre, con una manovra di polizia che può considerarsi l'atto di nascita delle retate moderne, i Templari di tutto il regno vennero contemporaneamente arrestati.

Filippo IV scrisse ai colleghi d'Europa per giustificare il suo operato, ma ne ricevette risposte sdegnose; Edoardo II d'Inghilterra dichiarò di non credere alle accuse; Giacomo II d'Aragona prese con decisione le difese dei Templari; il papa protestò contro quella che non senza ragione gli appariva come una diretta offesa, poiché l'Ordine dipendeva dalla Santa Sede: lo fece tuttavia diplomaticamente, fingendo di credere a errori o abusi commessi in buona fede. Ma il fatto che i Templari francesi, sottoposti a interrogatorio, cominciassero a confessare gli addebiti, obbligò il pontefice ad agire, se non altro per vederci chiaro. Il 22 novembre, con la bolla *Pastoralis praeminentiae,* egli ordinò che i Templari venissero arrestati e i loro beni posti sotto tutela ecclesiastica.

A questo punto i sovrani europei non potevano più ignorare la faccenda: anch'essi procedettero all'arresto e agli interrogatori, anche se le cose non andarono dappertutto nella stessa maniera. Il re d'Aragona, ad esempio, non aveva alcuna intenzione di lasciare i castelli templari sotto tutela ecclesiastica, e da parte loro i Templari del regno, che a differenza che in Francia avevano una forza militare ben organizzata, si chiusero nei loro castelli e si rifiutarono di subire l'azione processuale; lo stesso fecero quelli di Cipro, anch'essi ben organizzati.

Arresti, torture, "confessioni"

I Templari francesi ovviamente confessarono: furono gli unici in Europa a farlo e lo fecero coerentemente, dichiarando tutti le stesse cose: avevano rinnegato il Cristo, sputato sulla croce, adorato idoli (gatti e teste a tre facce), commesso atti osceni. Nelle località principali furono gli inquisitori a condurre gli interrogatori, com'era corretto, trattandosi di questioni d'eresia; ma altrove agirono sbrigativamente e brutalmente gli agenti del re.

Gli interrogatori dei Templari iniziarono una settimana dopo la retata che in contemporanea, in tutto il regno di Francia, li aveva individuati e gettati in carcere. Fra l'ottobre e il novembre del 1307 furono raccolte centotrentotto deposizioni in città e novantaquattro in provincia. L'età media degli arrestati, per la maggior parte frati lavoratori e frati conversi, era di quarantadue anni. In centotrentaquattro confermarono, se non completamente almeno in parte, le accuse per le quali erano stati imprigionati.

Solo otto Templari in provincia, a Reneville, resistettero per qualche tempo; e due cavalieri tedeschi, interrogati a Chaumont, negarono decisamente. In definitiva, quasi tutti in un modo o nell'altro ammisero qualcosa: è molto difficile aver la coscienza del tutto a posto e l'intimidazione fece il resto. Un decisivo impulso al processo fu dato dalle "confessioni" dei più alti dignitari: sta qui il più grande successo riportato da Nogaret e da Filippo il Bello.

Il povero Goffredo di Charney, precettore di Normandia, fu il primo a confessare, il 21 ottobre 1307, all'età di cinquantasei anni, riferendo fatti che erano accaduti circa trentasei anni prima, quando ne aveva venti: «Dopo che fu accolto gli fu portata una croce con sopra l'immagine di Gesù Cristo, e il frate stesso che lo aveva accolto gli disse di non credere in Colui che l'immagine rappresentava, perché era un falso profeta e non era il vero Dio. Allora, colui che lo aveva ricevuto gli fece rinnegare il Cristo tre volte: a parole, non col cuore, egli disse. Poiché gli fu chiesto di dire se avesse sputato su quell'immagine, disse sotto giuramento che non se ne ricordava, forse perché tutto veniva compiuto in fretta. Interrogato sul bacio, dichiarò sotto giuramento di aver baciato il

Maestro che lo accoglieva nell'Ordine sull'ombelico e di aver udito frate Gerardo di Sauzet, precettore d'Alvernia, dire ai frati presenti al capitolo che egli credeva meglio unirsi ai confratelli che corrompersi con delle donne, ma egli affermò di non averlo fatto mai e di non essere mai stato richiesto di farlo». Sette anni più tardi, Goffredo avrebbe riscattato il suo onore di religioso e di cavaliere affrontando il rogo a Parigi.

Un processo a misura di popolo

L'uniformità delle confessioni dei Templari è la spia più certa che si era dinanzi a processi pilotati, dove con l'intimidazione e la tortura si ottenevano confessioni relative a un "pacchetto" di accuse preconfezionate. Addebiti del genere, Nogaret li aveva mossi nel 1302-1303 anche a papa Bonifacio VIII: il canovaccio era vecchio e paradossale, a prima vista insostenibile. Vi si mischiavano echi di vecchie eresie a carattere dualistico, accuse di filoislamismo (culminanti nell'adorazione dell'idolo Baphomet, un nome parodistico per Mahomet), rifacimento di storie a carattere folklorico come quelle che avevano come protagonista una testa magica, riproposizioni di accuse di idolatria e demonolatria come quelle che negli anni Trenta del Duecento papa Gregorio IX aveva mosso, con la bolla *Vox in Rama*, ai con-

Un momento del processo all'Ordine del Tempio: alcuni Templari vengono portati a giudizio al cospetto del re di Francia Filippo il Bello (al centro) e di papa Clemente V (a sinistra) in una miniatura tratta da Les Grandes Chroniques de France *(XIII-XIV secolo) conservata presso la British Library di Londra.*

tadini ribelli della diocesi di Brema. Insomma, i Templari venivano accusati di essere simili ai catari – quindi dualisti – ma anche amici dell'Islam, che notoriamente insiste sull'unicità di Dio e, per giunta, adoratori del demonio (il che poteva, propagandisticamente, andare bene sia con l'una, sia con l'altra delle prime due accuse).

Si obietterà che l'insieme di queste accuse era veramente troppo farraginoso per poter esser credibile. Ma chi ha commentato che il mondo del primo Trecento, pontefice incluso, fosse davvero barbaro e ingenuo a lasciarsi ingannare così, ha frainteso la situazione. Il fatto è che da una parte queste accuse avevano un grande successo ed erano credibilissime a un livello, diciamo così, "massmediale": il che impone il processo ai Templari come forse il primo processo politico della storia, in una linea che da quello a Giovanna d'Arco giunge fino alle "purghe" staliniane, con tutti gli ingredienti del caso, dal "teorema" alla "teoria del complotto". E, dall'altra, il re di Francia aveva scelto forse oculatamente le accuse tra le più screditate in modo da inviare al papa un chiaro messaggio politico: che cioè era sua ferma volontà giungere comunque alla condanna dell'Ordine e all'incameramento dei suoi beni, per cui ogni plausibile difesa sarebbe stata inutile. Accuse meglio costruite avrebbero sottinteso che il dibattito che si stava aprendo avrebbe potuto chiudersi con un riconoscimento d'innocenza; addebiti così assurdi non lasciavano adito a dubbi sulla malafede di chi li stava formulando e quindi sulla dura intransigenza delle sue intenzioni.

Filippo IV sapeva bene che, fuori dei confini del regno di Francia, il meccanismo non avrebbe funzionato: ma non gli importava. Erano stati proprio i suoi giuristi a colpire senza scrupoli il carattere universale della Cristianità e a inaugurare sotto il profilo giuridico-politico lo Stato moderno con il loro *«Rex superiorem non recognoscit»*.

L'inchiesta procedeva, tra confessioni e ritrattazioni. Nel febbraio del 1308 il pontefice sospese gli interrogatori inquisitoriali; il re di Francia rispose con una serie di iniziative di coinvolgimento dell'opinione pubblica del regno (dall'Università di Parigi sino agli Stati Generali: si pubblicarono perfino libelli anonimi) che stupisce per modernità d'intenti e di concezione. In un clima del genere, i deboli, i corrotti e i rinnegati dovevano per forza emergere. Si trovarono una settantina di scellerati pronti ad ammettere di essere stati ricevuti nel Tempio secondo gli infami rituali denunziati da Esquieu de Floyran e che del resto in un primo tempo le massime autorità del Tempio – il Maestro Giacomo di Molay, il precettore di Normandia Goffredo di Charney, il visitatore generale Ugo di Pairaud – avevano avuto la debolezza di ammettere. Clemente V dovette cedere: richiamò gli inquisitori, chiese loro di agire di concerto con i vescovi e con la bolla *Faciens misericordiam* del 12 agosto 1308 nominò una commissione pontificia d'inchiesta, rinviando il giudizio sulla soppressione del Tempio a un prossimo concilio generale che avrebbe dovuto tenersi a Vienne e dove si sarebbe affrontato sul serio, tra l'altro, il problema della crociata. Ma i Templari di Francia e i beni del Tempio restavano sotto il controllo del re, che non si sognava neppur lontanamente di mollare. Questo era il vero nodo di tutto: Clemente sapeva benissimo che Filippo avrebbe proceduto per la sua strada e ne era politicamente prigioniero.

Gli interrogatori ripresero in tutta Europa, anche – non però dappertutto – con l'applicazione della tortura. Fuori di Francia, tortura o no, le ammissioni circa gli addebiti contestati furono pochissime e le prove registrate a carico risultarono come consistenti solo in voci o poco più. Il Maestro Giacomo di Molay, da parte sua, dichiarava ormai di voler parlare solo in presenza del pontefice: intanto l'Ordine si era riavuto dalla sorpresa e protestava in coro con indignazione.

Il sovrano e i suoi giuristi erano talmente consci dell'insostenibilità delle accuse e decisi a procedere, che trovarono un compiacente professore universitario di Parigi disposto a sostenere la tesi che nello specifico caso del Tempio un difensore non sarebbe servito, poiché l'Ordine era chiaramente colpevole: i difensori, difatti, servono solo se esiste un'ipotesi d'innocenza.

Il concilio di Vienne

Filippo IV ottenne a quel punto che l'arcivescovado di Sens – da cui dipendeva il vescovado di Parigi – fosse affidato a Filippo di Marigny, fratello del suo potente consigliere Enguerrando di Marigny. Fu l'arcivescovo Filippo che, come capo della provincia ecclesiastica interessata, convocò il concilio provinciale che secondo le indicazioni papali avrebbe potuto giudicare i Templari ad essa afferenti. Era una situazione circoscritta: ma poteva diventare un modello. Marigny fece condannare al rogo immediatamente ben cinquantaquattro Templari che nel 1307 avevano confessato le loro supposte colpe ma che, avendo poi ritrattato, potevano esser considerati *relapsi*. L'esempio era eloquente: confessare significava subire una pena di tipo penitenziale; negare voleva dire affrontare la tortura; dichiarare di aver confessato per paura e per debolezza e quindi ritrattare equivaleva a morire. Non c'era scampo.

Il concilio di Vienne si aprì nell'ottobre del 1311 e discusse della faccenda templare sulla base dei documenti confezionati dall'inchiesta diretta dall'arcivescovo di Sens: molti padri conciliari però non stettero al gioco e pretesero sia che si tenesse conto anche dei risultati ottenuti fuori di Francia, sia che si ascoltassero le voci in difesa.

Ma il re Filippo IV non sopportava ormai più indugi e minacciava addirittura di marciare su Vienne. Il papa si rese conto che da una parte condannare il Tempio sarebbe stata un'infamia, dall'altra sconfessare il re di Francia era per lui, allo stato della situazione, impossibile. Ne uscì in modo non ineccepibile, forse neppure elegante, ma senza dubbio abile. Avvalendosi delle sue prerogative e del suo rango di capo dell'Ordine, con la bolla *Vox in excelso* del 22 marzo 1312 scioglieva l'Ordine del Tempio «per decisione apostolica», senza emettere alcun giudizio di condanna.

Una successiva bolla pontificia, l'*Ad providam* del 2 maggio, stabiliva che i beni dell'Ordine sarebbero passati agli Ospitalieri. I Templari che fossero stati riconosciuti innocenti o che dopo la confessione si fossero riconciliati con la Chiesa avrebbero potuto continuare a risiedere nelle loro case come Ospitalieri o scegliere un altro Ordine religioso cui affiliarsi; il papa si era riservato il giudizio diretto sui grandi dignitari dell'Ordine, ma soltanto nel dicembre del 1313 nominò a tale scopo in sua vece una commissione di tre cardinali, scelta badando bene di non dispiacere a Filippo IV.

La questione dei beni del Tempio

Il 18 marzo del 1314 il Maestro del Tempio e i suoi immediati collaboratori comparvero in effetti di nuovo in giudizio, ma solo per ascoltare la sentenza dell'arcivescovo di Sens che li condannava al carcere perpetuo. Il caso sembrava chiuso: ma il Maestro Giacomo di Molay e il precettore di Normandia Goffredo di Charney – ben sapendo quel che li attendeva in quanto *relapsi* e consci ormai del fatto che il pontefice li aveva abbandonati – si alzarono e proclamarono solennemente la ritrattazione delle loro vecchie confessioni. L'Ordine era puro, le accuse calunnie. Le loro vite erano il pegno della veridicità della loro testimonianza: preferivano morire piuttosto che vivere nella vergogna e nel rimorso per una menzogna proferita per paura. La risposta del re di Francia fu immediata. Quella stessa sera, sul margine occidentale dell'isola della Senna di fronte ai giardini del Louvre – ora vi sorge il Pont Neuf – Molay e Charney affrontarono il rogo.

E subito fiorirono le leggende. Si disse che la folla si era impadronita delle ceneri dei due martiri e le aveva conservate come sante reliquie; si affermò che il Maestro aveva solennemente convocato, morendo, il papa e il re di Francia entro l'anno a comparir dinanzi al tribunale celeste, e in effetti Clemente V si spense il 20 aprile, Filippo IV il 29 dicembre successivo; si parlò di fantasmi che ogni anno comparivano nei sotterranei della sede parigina del Tempio, sulla riva destra della Senna, per compiangere la sorte della Terrasanta che nessuno avrebbe più difeso perché il santo Ordine era sciolto.

Si scatenava intanto la questione dei beni del Tempio: Clemente V li aveva reclamati per la Chiesa protestando che avrebbero dovuto servire per la causa della crociata, ma i governi locali si erano affrettati a incamerarli. Si giunse infine al compromesso che li assegnava all'Ordine degli Ospitalieri: ma nella pratica ciò si verificò solo in parte, tardivamente, in mezzo a contestazioni e con molte spese. Nel regno di Valencia si concordò che i beni del Tempio e dell'Ospedale sarebbero andati al nuovo Ordine militare di Montesa. Anche in Portogallo i beni templari andarono a un nuovo Ordine, quello del Cristo, che in realtà era costituito dai Templari stessi, aveva come insegna una croce simile a quella templare e si può dire che fosse il Tempio con un nuovo nome (nuovo fino a un certo punto: non si erano chiamati in origine, *pauperes milites Christi*?).

Templari condotti al rogo sotto gli occhi di Filippo il Bello in una miniatura del XIV secolo conservata alla British Library di Londra. Alla base della stessa opera (qui non visibile), è raffigurata anche la caduta da cavallo del re di Francia durante una battuta di caccia, episodio che ne provocherà la morte, avvenuta nel 1314 dopo la presunta "maledizione".

Vario il destino dei membri dell'Ordine disciolto. Molti, forse la maggior parte, entrarono in quello degli Ospitalieri; alcuni vennero imprigionati e in seguito assolti; altri accettarono di entrare in Ordini di vario tipo o gettarono l'abito monastico e si dettero a un'esistenza laicale, magari confortata dall'appropriazione di qualche bene dell'Ordine su cui riuscirono a metter le mani; nella Repubblica di Venezia furono però allontanati dalla prospettiva del godimento dei loro beni, incamerati dall'Ospedale, e si dissolsero.

Era davvero innocente, il Tempio? Pur nella confusione dei dati, e tenendo conto della lacunosità e dell'incertezza delle fonti, è prudente rispondere di sì. Il che non toglie che in qualche caso alcuni degli addebiti sollevati dai suoi accusatori – dall'eresia a forme di deviazione varia, a parte i casi di sodomia – potessero rispondere a realtà. Nell'Ordine erano entrati personaggi di vario tipo, spesso in penitenza per peccati anche molto gravi, e non si può scartare l'ipotesi (anzi: è cosa molto probabile...) che qualcuno di loro si fosse limitato a cercar nel Tempio protezione, ma non si fosse affatto né convertito né pentito. Il che significa che al suo interno eretici e deviati potevano ben esserci e che all'atto del processo alcune di queste colpe avevano ben potuto emergere. Ma tutto ciò non può coinvolgere l'Ordine nel suo complesso.

Quanto alle confessioni in buona fede, c'è un elemento da non sottovalutare: la possibilità dello scherzo, dell'elemento parodistico, qualcosa di molto vivo nel mondo medievale e frequente negli ambienti nei quali si vive comunitariamente (dai monasteri alle caserme, ai collegi, ai convitti, alle carceri). Iniziazioni per burla, casi di violenza (anche a sfondo sessuale) degli anziani sui novizi, false informazioni sui rituali e sugli scopi dell'Ordine. Tutto ciò può aver spiegato le confessioni in buona fede, formulate tuttavia da giovani che avevano preso sul serio delle messinscene e degli episodi di "nonnismo".

Si è molto favoleggiato, in epoca moderna, su quel che i Templari avrebbero appreso in Oriente e su tale base qualcuno ha finito col trattarli in blocco come dei tenebrosi iniziati: ma le nostre fonti ci dicono, al contrario, che si trattava quasi sempre di persone di basso livello culturale, negli ultimi tempi più frati-agricoltori, specie in Europa, che non frati-guerrieri.

L'Ordine scompare, resta la leggenda

La cosa più affascinante, semmai, sarebbe seguire il destino di alcuni Templari che erano rimasti guerrieri e che si avviarono a una vita romanzesca. Come Ruggero di Flor, figlio di un falconiere dell'imperatore Federico II e di una nobildonna pugliese, che da bambino aveva conosciuto a Brindisi un templare marsigliese comandante di una nave dell'Ordine, si era imbarcato con lui, era divenuto converso templare e finì corsaro e fondatore della prima compagnia di ventura della storia, la Compagnia Catalana. O come il templare aragonese Bernardo di Fuentes, fuggito nel 1310 e divenuto comandante di una milizia cristiana al servizio dell'emiro musulmano di Tunisi.

L'opinione pubblica del tempo si mostrò divisa sulla faccenda delle colpe dei Templari. Dante individuò bene le ragioni dell'affare nella cupidigia del re (avrebbe potuto aggiungere anche il suo desiderio di confermare e ampliare il potere); Raimondo Lullo, invece, fu scosso dalle accuse che si formulavano contro i Cavalieri del Tempio, ma al riguardo era già prevenuto.

L'Ordine venne comunque presto dimenticato e, com'erano leggenda le sue favolose ricchezze, è pura e arbitraria ipotesi il pensare che in chissà quale sperduto recesso d'Europa, o magari all'ombra compiacente del portoghese Ordine del Cristo, saggi vecchi ex Templari abbiano tramandato chissà quali documenti e chissà quali insegnamenti orali relativi ai "misteri" del Tempio, magari quelli iniziatici e alchemici (ecco, secondo alcuni, il segreto della ricchezza dell'Ordine!) appresi in Oriente. Tutto ciò è leggenda: e per giunta leggenda moderna, dal momento che non se ne hanno tracce tra XIV e XV secolo.

Solo nella prima metà del Cinquecento il grande ermetista e cabalista Heinrich Cornelius Agrippa di Nettesheim, nel suo *De occulta philosophia,* dedicava qualche sdegnosa riga alla «detestabile eresia dei Templari», nel quadro del discorso – caro, com'è noto, all'ermetismo rinascimentale – relativo alla distinzione tra la buona e santa magia naturale e l'infame magia cerimoniale degli gnostici. D'altronde, Agrippa si chiedeva anche se quel che a proposito dei Templari si leggeva – evidentemente riguardo al loro processo e alle accuse delle quali essi erano stati fatti segno – fosse realtà. Per l'innocenza dei Templari si era pronunziato senz'ombra di esitazione il grande Jean Bodin, che di persecuzioni se ne intendeva.

Tuttavia, con Agrippa e dopo di lui, anzi in gran parte a causa sua – egli fu uno degli autori ermetici più letti dal Cinquecento in poi – i Templari assunsero nuova, c'è da chiedersi quanto opportuna, popolarità.

Un cenno indiretto, forse casuale, al Tempio, si trova nel "Dialogo secondo" de *La cena de le Ceneri* di Giordano Bruno, composta e data alle stampe nel 1584. Il Nolano racconta come, nella sera in cui si recò a cena a casa di Fulke Greville, abbia dovuto affrontare un attraversamento onirico, quasi un viaggio nell'antinferno dantesco, in una Londra buia e pericolosa: a un certo punto dovette scendere in barca lungo il Tamigi e, su un vascello che richiamava quello di Caronte, navigare lentamente fino a «poco oltre il loco che si chiama *il Tempio*», cioè in Fleet Street, laddove aveva sede l'Ordine templare. Qui si riprendeva terra e si proseguiva a piedi. Ci si è chiesti se il cenno al Tempio, al di là del riferimento topografico del tutto congruo, non possa indicare che in qualche modo Bruno alluda a una qualche continuità tra il cammino filosofico e religioso dei Templari e il suo: egli lo riprenderebbe là dove essi lo avevano lasciato. Può darsi che un'ipotesi del genere corrisponda a un'eccessiva sollecitazione del testo: non va comunque sottovalutato il fatto che Bruno e i suoi seguaci, i "giordanisti", abbiano un peso notevole sia nella successiva elaborazione del pensiero libertino, sia nella complessa costruzione rosacruciana. Libertini e Rosacroce ebbero molta importanza nell'impostare sulla base di una simbolica di tipo cavalleresco riflessioni ermetiche e cabalistiche suscettibili di maturare più tardi, in sedi illuministiche e massoniche.

5.
Il templarismo

Nella pagina precedente:
Aleister Crowley ripreso con oggetti e in vesti ispirati alla sua cultura occultistica in uno scatto del 1890 all'età di 25 anni. Personaggio controverso e dalle molte sfaccettature, fondatore dell'Oto (Ordo Templis Orientis) all'inizio del XX secolo, è considerato uno dei padri spirituali del movimento New Age.

A quel punto, le opinioni espresse sul conto dei Templari si divisero significativamente in due gruppi: da una parte quello di chi era attirato dalla loro fama di adepti delle arti magiche (e qui gli "innocentisti" si scontravano con i "colpevolisti"); dall'altra quello che insisteva sul loro valore cavalleresco. Esso trovava ammiratori soprattutto in Inghilterra, dove Sir George Buc, maestro di cerimonia di Giacomo I, ne esaltava il valore di purissimi combattenti per la fede.

Un gruppo di personaggi che si dicevano eredi di cimeli e di documenti templari risalenti a Giacomo di Molay fece la sua apparizione in Francia verso la fine del XVII secolo e trovò autorevole avallo addirittura nel reggente Filippo d'Orléans, che nel 1705 indisse una riunione di Templari a Versailles e promulgò nuovi statuti che l'Ordine avrebbe dovuto accettare e che erano indirizzati in un senso teistico e aristocratico. I Templari – un Ordine soppresso in seguito alla complicità della corona di Francia e del papato – venivano in tal modo fatti simbolo e oggetto d'una rinascita dell'aristocrazia francese, che da troppo tempo si sentiva conculcata dalle istituzioni monarchiche, mentre la sua cultura, fortemente venata di libertinismo, la conduceva a posizioni antipontificie.

La cultura misterico-iniziatica alla base del "templarismo"

Su questo *humus* germogliarono le prime associazioni massoniche, alle quali si collegò uno scozzese cattolico e stuardista, Andrew Michael Ramsey, che era stato nientemeno che segretario di François Fénelon e che nel 1736, appunto indirizzandosi alla massoneria francese, elaborò una semidotta ma affascinante costruzione leggendaria: i segreti della massoneria erano i medesimi dell'antico Tempio di Gerusalemme, che nel Medioevo erano stati affidati ad alcuni cavalieri crociati i quali sull'impianto del Tempio avevano appunto soggiornato e che erano stati altresì edificatori di cattedrali; tali segreti avevano finito col costituire l'autentico tesoro dell'Ordine del Tempio ed erano sopravvissuti, dopo il suo scioglimento, emigrando in seguito a varie vicissitudini in Inghilterra e in Scozia. Una decina di anni dopo il barone tedesco Karl Gotthelf von Hund fondò un Ordine della

Stretta Osservanza Templare adottando la nomenclatura di Ramsey per alcuni alti gradi massonici appunto ispirati al Tempio.

Era così nato il "templarismo", del resto destinato ad assumere varie e per molti aspetti contrastanti tendenze, come allearsi, ad esempio, alle posizioni della cultura misterico-iniziatica cara a tanta parte dell'Illuminismo per elaborare l'idea di un cristianesimo "puro", ispirato non tanto a Pietro quanto piuttosto a Giovanni, che avrebbe eliminato dalla fede le scorie volgari e mondane del papismo per farla assurgere alla pura spiritualità originaria, alla luce della quale sarebbe stato possibile comprendere i grandi misteri dell'universo. Quel cristianesimo rinnovato avrebbe trovato il suo fondamento sapienziale e al tempo stesso etico nel martirio di quei Templari che, autentici cristiani e al tempo stesso indagatori – come alchimisti e iniziati – dei misteri della natura in spirito di ricerca e di libertà, erano stati perseguitati dalla tirannide del Trono alleata con la volontà oscurantista dell'Altare.

I Templari (o sedicenti tali) orléanisti condussero la loro attività in Francia, prima organizzando la fronda aristocratica contro la corona, poi partecipando alla prima fase della Rivoluzione, infine passando dalla parte della controrivoluzione: il loro cristianesimo esoterico, dopo aver servito la causa della rivolta contro il Trono e l'Altare, passava ora a sostenere la Tradizione contro le insidie del Progresso e della Modernità.

Rivoluzionari e controrivoluzionari

La Rivoluzione francese segnò anche per il templarismo una discriminante. La "teoria del complotto universale", già affiorata più volte nel Settecento e messa in rapporto con le forze più varie – dai massoni ai gesuiti – trovava ora una sua classica espressione con opere come quella di Louis Cadet de Gassicourt, un giacobino deluso e imprigionato durante il Terrore. Egli istituiva una linea ininterrotta di terrorismo nichilista che dal Vecchio della Montagna, Gran Maestro della Setta degli Assassini in Siria nel XII secolo, attraverso i Templari giungeva a Cola di Rienzo, Oliver Cromwell, Masaniello e l'assassino di Enrico IV fino alla presa della Bastiglia e all'opera eversiva di Luigi Filippo d'Orléans. L'opera invece del gesuita Augustin de Barruel, costretto all'esilio in Inghilterra, non esitava a tracciare il cammino del male nell'umanità scorgendolo nella fede dualista (e quindi satanista) che da Mani, nel III secolo d.C., attraverso la gnosi era passata ai catari, ai Templari, ai massoni, agli Illuminati di Baviera e ai giacobini. Un filo nero a suo avviso collegava Mani, il Vecchio della Montagna, Molay, Cola di Rienzo, Cromwell, Masaniello e Robespierre. Peraltro, il complottismo aveva un suo rovescio della medaglia nelle varie tesi relative alla "cospirazione per la libertà", come quella di Antoine Fabre D'Olivet, che con un suo componimento teatrale del 1790 è forse il principale responsabile del mito della "presa della Bastiglia" come atto di nascita della rivoluzione: Fabre D'Olivet, che si presentava come guaritore e teurgo, sosteneva di essere stato convertito a una sorta di teosofia, la "Teodossia Universale", secondo la quale la *philosophia perennis* che sintetizzava la verità universale era stata trasmessa da un'ininterrotta catena di dotti e di puri che partiva da Mosè, dai "Savi d'Egitto", da Pitagora e dai druidi celtici per giungere anche ai "segreti insegnamenti" dei trovatori occitani. Si trattava in realtà di una delle tante riprese dei temi ermetici legati alla letteratura relativa a Ermete Trismegisto: questa farraginosa e afilologica cultura ha, se non altro, il merito di averci regalato un capolavoro, lo *Zauberflöte*, il cui mediocre libretto dovuto a Johannes Josephus (detto Emanuel) Schikaneder ripercorre la noiosa pseudofilosofia massonica, ma la cui musica sublime si deve al "fratello" Wolfgang Amadeus Mozart. Dallo stesso ramo complottistico-cospirativo nascono le varie elucubrazioni sul "governo universale" dei "Superiori Sconosciuti", dalla "Santa Vehme" al "Thal" di Zacharias Werner alla "Loggia Luminosa del Vril" fino alla tesi relativa alla "Sinarchia".

Il massonismo cavalleresco cattoaristocratico di Ramsay e il templarismo magico-esoterico dei "Maestri" tedeschi sembravano entrambi esauriti alla fine del XVIII secolo, mentre la "teoria del complotto" proposta da Cadet de Gassicourt e da Barruel, in fondo, non faceva che riallacciarsi alla vecchia visione dell'erudizione storica francese d'*Ancien régime* che condannava la memoria templare nella misura in cui si faceva portatrice d'una visione apologetica della monarchia dei "Re Cristianissimi".

Ma qualcosa della visione ramsayana poteva essere recuperato e collegato a un nuovo revival templaristico: l'idea – connessa a un implicito anticattolicesimo, che poteva però venir contenuto e sottinteso, dunque dissimulato – che attraverso la cavalleria medievale e l'iniziazione templare fosse stato trasmesso alle età successive, senza soluzioni di continuità, un cristianesimo più intimo e più vero oltre che più profondamente sapiente. Un cristianesimo esoterico, connesso con quanto il Cristo aveva rivelato segretamente al discepolo prediletto, Giovanni; mentre il popolo cristiano era chiamato ad accontentarsi del cristianesimo essoterico affidato a Pietro e, attraverso di lui, alle istituzioni ecclesiastiche. Tendenze di questo genere erano incoraggiate dal governo napoleonico, il quale favoriva le organizzazioni massoniche che gli sembravano adatte a fornire all'aristocrazia uno scenario idoneo alla sua sete di cerimonie, di decorazioni e di prestigio e a diffondere un sentire cristiano teista e umanitario che non si sarebbe subordinato alla Chiesa, ma che non sarebbe neppur entrato necessariamente in conflitto con essa.

I fondatori del templarismo massonico dell'età napoleonica sono un oscuro personaggio noto come "dottor Ledru" e un ex-religioso prerivoluzionario poi divenuto medico o paramedico, Bernard-Raymond Fabré-Palaprat. Ancora una volta, più che a un'attività di falsificazione della storia, si assiste con loro a una proposta mitopoietica. Vero è che alla base di essa sussiste un "falso", un finto documento datato 1324 – ma trascritto in latino nel 1805 – che, secondo Ledru, avrebbe cominciato a circolare solo alla fine del XVII secolo, ma sarebbe stato redatto dal Gran Maestro del Tempio succeduto a Giacomo di Molay, primo dunque di un'ininterrotta linea di Gran Maestri segreti. Questi sarebbe stato un certo Jean-Marc Larménius, la cui lista di segreti Gran Maestri dell'Ordine mirava a destituire d'ogni autorevolezza quella – anch'essa inventata – dei Gran Maestri scozzesi elaborata all'interno della "Stretta Osservanza" tedesca.

I nuovi Templari francesi si collegarono con la loggia massonica degli Chevaliers de la Croix, affiliata al Grande Oriente di Francia e popolata di esponenti dell'aristocrazia. L'imperatore, a sua volta legato alla massoneria, del resto non vedeva di cattivo occhio il sorgere di sodalizi che avrebbero potuto contribuire alla doratura dei molti nuovi blasoni nobiliari che egli andava creando e distribuendo a facoltosi *parvenus*, sovente ex estremisti giacobini riciclati attraverso il Termidoro e ghiotti di orpelli aristocratici e cavallereschi. Fu così che, nel marzo del 1808, il nuovo Ordine templare poté celebrare con gran pompa e con profusione di abiti "medievali" l'anniversario della morte di Molay con un *requiem* nella chiesa di Saint-Paul. L'imperatore si mostrava personalmente interessato all'argomento, tanto da esser giunto a scrivere una nota critica nei confronti d'una pedante composizione teatrale, *Les Templiers* di Jean-Marie François Raynouard, rappresentata nel 1805 e mirante non solo alla riabilitazione dell'Ordine templare, ma anche a stabilire una connessione tra la decaduta corona regia di Francia e il neonato impero dei francesi. Nel 1807 il suo autore si guadagnò un seggio all'Académie Française e più tardi sarebbe stato inca-

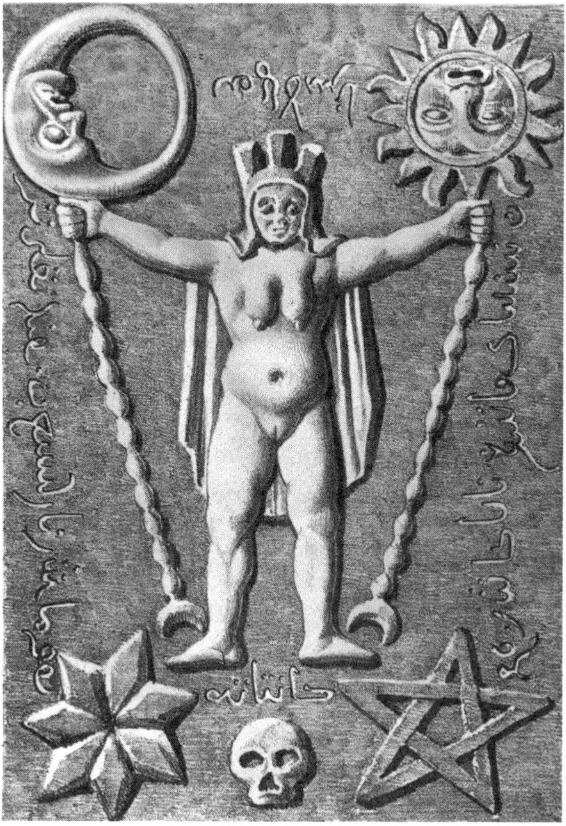

Una litografia tratta dall'opera Mysterium Baphometis revelatum *di Joseph von Hammer-Purgstall pubblicata a Vienna nel 1818; riprendendo alcuni simboli presenti su oggetti teoricamente appartenuti ai Templari, l'autore credette di potervi indentificare il presunto idolo Baphomet, che i cavalieri dell'Ordine erano stati accusati di aver adorato.*

ricato dal governo imperiale di frugare tra le carte dell'Archivio Segreto Vaticano, giunte da Roma da dove erano state requisite a Parigi nel 1810. Si sperava di trovarvi le prove – occultate dalla Chiesa – dell'esistenza di un vero "segreto templare". Ma Raynouard era uno studioso intellettualmente onesto: rintracciò sì documenti che contribuivano a rafforzare la tesi dell'innocenza dell'Ordine, ma niente di più.

La probità scientifica di Raynouard non era troppo utile alle costruzioni esoterico-demagogiche dei neotemplari appoggiati da Napoleone, i quali preferivano pescare nel torbido mare dell'erudizione templaristica tedesca e accettare, ad esempio, le elucubrazioni di Friedrich Nicolai sulla "vera natura" del Baphomet dei Templari come espressione derivante da due parole greche alludenti all'iniziazione gnostica.

Tutte queste tesi furono riconsiderate, ma tuttavia rovesciate di segno (con un ritorno, in un certo senso, a Cadet de Gassicourt e a Barruel) nel primo ventennio del XIX secolo, da un orientalista e iranista austriaco, Joseph von Hammer-Purgstall, che fra il 1799 e il 1801 era stato in Oriente con l'ammiraglio inglese William Sidney Smith – che aveva valorosamente contrastato Bonaparte sulle coste siriane e che era anch'egli cultore delle fantasie romantico-massoniche – e che nel 1818 pubblicò sia un lavoro sui Templari sia uno sull'idolo detto Baphomet. Si era ormai in pieno periodo della Restaurazione e la tesi di Hammer riprendeva quella di Barruel nel denunziare la discendenza gnostica e la natura eversiva e nichilista sia dei Templari (e quindi dei massoni), sia degli ismailiti e degli "Assassini". Von Hammer collegava la notizia delle "bestemmie" e degli oltraggi alla croce durante le iniziazioni templari alla setta degli Ofiti, descritta da Origene, cui attribuiva anche la paternità dei riti includenti elementi orgiastici; identificò il Baphomet in una divinità androgina detta anche Acharnoth; collegò anche la leggenda del Graal, specie nella sua versione proposta dal *Parzival* di Wolfram von Eschenbach, e il simbolo della croce "a Tau", ai Templari e ai loro riti iniziatico-sessuali. La tesi del "satanismo massonico", ben vista dal principe di Metternich che di Hammer-Purgstall era un protettore (ma, per converso, va detto che questi era un suo agente), trova nelle ricerche dello studioso austriaco un suo punto fisso di riferimento.

L'avventura istituzionale dei neotemplari seguiva intanto il suo corso. Fabré-Palaprat, che aveva pur buone doti d'organizzatore, non riusciva a dominarli e, dopo il 1814, non poté impedire uno scisma; frattanto, pretendendo di fondarsi su un'operetta greca chiamata *Levitikon* che s'ispirava al vangelo di Giovanni profondamente modificato e presentava Gesù come un iniziato ai misteri d'Egitto, questi fondava nel 1828 una Santa Chiesa del Cristo (o Chiesa dei Cristiani Primitivi) che due anni dopo, sotto l'influenza della "rivoluzione di luglio" che aveva portato al trono Luigi Filippo e grazie all'incontro col prete radicale Ferdinand-François Châtel, si trasformò in "Chiesa Cattolica Francese". La fede di questa Chiesa, ispirata al *Levitikon*, fu detta "giovannita": ma il suo legame con l'Ordine neotemplare rimase comunque confuso e precario, attraversato da liti e scismi continui. Fabré-Palaprat morì nel 1838 e, nonostante si fosse tentato di rivitalizzare l'Ordine attribuendone il rettorato al vecchio ammiraglio Sidney Smith – al quale Hammer-Purgstall riservava sentimenti di amicizia e gratitudine, ma che stimava pericoloso per le sue inveterate convinzioni massoniche – ci si avviò all'inevitabile eclisse attraverso complesse storie punteggiate di liti, di falsi documentari, di scissioni e di filiazioni giunte fin quasi ai giorni nostri attraverso sigle e organizzazioni di solito ferocemente rivali tra loro.

Dal XIX secolo alla soglia dei nostri giorni

Nell'Ottocento, le filiazioni e le scissioni dei neotemplari non si contano. Nel 1890 quello strano esoterista e scrittore che fu Joséphin Péladan, già adepto dell'Ordine rosacruciano dell'occultista Stanislas de Guaita, fondò un Ordine della Rosacroce cattolica del Tempio e del Graal, con indirizzo catto-esoterico-tradizionalista; mentre il "mago" Aleister Crowley, ispirandosi alla gnosi, al tantrismo e al sufismo, con un metodo sincretistico quanto meno molto ardito, fondò a sua volta un "Ordo Templi Orientis" che riprendeva il nome di una setta massonica creata nel 1895 da Karl Kellner sulla base d'un'ispirazione venuta dal modello degli Illuminati di Baviera.

Aleister Crowley è, direttamente o indirettamente, uno dei "padri storici" del movimento del New Age al quale si era avvicinato, sia in Canada che in Svizzera, il medico belga Luc Jouret, fondatore di quella "Organizzazione Internazionale Cavalleresca Tradizionale Solare" (Oicts), conosciuta anche come "Tempio Solare", assurta bruscamente alla fama il 5 ottobre 1994 in seguito alla morte per omicidio-suicidio, tra Svizzera e Canada, di cinquantatré suoi membri.

Il templarismo contemporaneo è caratterizzato da una pluralità di origini e di ispirazioni: associazioni che vantano origini "antiche" e "aristocratiche" e perseguono fini a carattere culturale e umanitario; gruppi a tendenza esoterica; ristretti ambienti che accoppiano il tradizionalismo a un peraltro vago impegno politico; *élites* occultistiche esclusive o sedicenti tali; sodalizi sorti di recente per rispondere a un diffuso “bisogno”, a una “domanda” riassumibile in termini di curiosità parastorica o di culto più o meno ingenuo d’insegne e di simboli. Il templarismo è ormai un fenomeno diffuso in tutto il mondo.

Peccato solo che esso non abbia contribuito che in misura modesta e talvolta ambigua alla conoscenza e allo studio storico dell’Ordine del Tempio, quello di Ugo di Payns. Come spesso accade, certe curiosità storiche sono legate a un “uso della storia” che si arresta dinanzi alle ragioni della ricerca scientifica seria e, deluso o intimamente cosciente della sua inadeguatezza dinanzi alla complessità che essa comporta, se ne dichiara disinteressato.

Documenti

INSEDIAMENTI DEL TEMPIO
IN TERRA SANTA
Edessa
Turbessel
Castun (Baghras)
Roche de Roissel
Aleppo
ANTIOCHIA
Lattakieh
CIPRO
Mar Mediterraneo
Tortosa
Castel Blanc
Arista
Krak des Chevaliers (Ospitalieri)
TRIPOLI
Beirut
Damasco
Beaufort
Tiro
ACRI
Chastellet
Safed
Casel Destroit
Doc
Saffran
Athlit
Nazaret
Cafarlet
La Féve
Merle
Caco
Le Petit Gerin
Tour Rouge
Casel des Plains
Quaranteine
Toron des Chevaliers
Maldoin
GERUSALEMME
Gaza
Castelli, fortezze, centri fortificati appartenuti al Tempio nei due secoli d'esistenza degli Stati latini
strada
frontiera degli Stati latini intorno al 1180
capitale
città

1. *La "bella guerra" mondana.*
Molto mi piace la lieta stagione di primavera
che fa spuntare foglie e fiori,
e mi piace quand'odo la festa
degli uccelli che fan risuonare il loro canto pel bosco,
e mi piace quando vedo su pei prati
tende e padiglioni rizzati,
ed ho grande allegrezza
quando per la campagna vedo a schiera
cavalieri e cavalli armati. [...]
Ed altresì mi piace quando vedo
che il Signore è il primo all'assalto,
a cavallo, armato, senza tema,
che ai suoi infonde ardire
così, con gagliardo valore;
e poi ch'è ingaggiata la mischia
ciascuno dev'essere pronto
volonteroso a seguirlo,
ché niuno è avuto in pregio
se non ha molti colpi preso e dato.
Mazze ferrate e brandi, elmi di vario colore,
scudi forare e fracassare
vedremo al primo scontrarsi...
B. DE BORN, canzone *Molto mi piace,* in A. RONCAGLIA, *Antologia delle letterature medievali d'oc e d'oil,* Accademia, Milano, 1973.

2. *È nato un nuovo genere di cavaliere.*
Bernardo, abate di Chiaravalle soltanto di nome, a Ugo cavaliere di Cristo e Maestro della Milizia di Cristo: che possa combattere una buona battaglia. Non una volta soltanto, ma due e tre volte, se non sbaglio, mi hai chiesto, carissimo Ugo, che scrivessi per te e per i tuoi compagni d'arme una esortazione e che – poiché a me non era lecito vibrare la lancia – brandissi lo stilo contro la tirannide nemica, affermando che sarebbe stato di non poco aiuto se, non potendo soccorrervi con le armi, vi infondessi coraggio con la parola. Ho tardato un po' a rispondere, non perché la richiesta mi sembrasse di trascurabile importanza ma piuttosto per timore che un consenso dato alla leggera e con precipitazione costituisse un errore; se io da sprovveduto mi attribuissi un compito che altri migliore di me potrebbe assolvere più degnamente rischierei di rovinare un'opera tanto necessaria. Ma accorgendomi di aver atteso molto e inutilmente, affinché non si pensasse alla mia cattiva volontà piuttosto che alla mia incapacità, ho fatto infine quello che ho potuto: giudichi il lettore se è rimasto soddisfatto. Se quel che ho scritto non piacerà del tutto a qualcuno, o non gli sembrerà sufficiente, questo non ha per me importanza, in quanto, almeno nell'ambito delle mie conoscenze, non sono venuto meno alla tua richiesta.

Si sente ora ripetere che sia apparso di recente sulla terra un nuovo genere di cavalieri e proprio in quella regione che una volta con la sua Incarnazione l'Oriente visitò dall'alto, affinché dove allora con la potenza della sua mano scacciò i principi delle tenebre, così ora possa con la schiera dei suoi prodi sterminare i loro accoliti, la progenie dei senza fede, realizzando ancora nel presente la redenzione del suo popolo e suscitando per noi un Salvatore nella casa di Davide, suo servo. Intendo alludere a un nuovo genere di cavalieri, assolutamente sconosciuto alle età precedenti e che senza risparmio di energie conduce una lotta su un duplice fronte, sia contro la carne e il sangue, sia contro gli spiriti maligni vaganti nell'aria. E in verità, come non giudico degno di stupore e come non reputo eccezionale, quando si combatte con le sole forze materiali contro un agguerrito nemico terreno, così non reputo neppure straordinario quando, con la forza dell'animo, si dichiara guerra ai vizi e ai demoni, per quanto sia degna di lode una tale lotta, dal momento che il mondo si trova pieno di monaci. Ma quando l'uno e l'altro tipo di uomo cingono con forza ciascuno la propria spada e rivestono con fierezza la propria corazza, chi non riterrà ammirevole un simile impegno, sebbene sia del tutto insolito? È impavido e del tutto sicuro quel cavaliere che come ri-

veste il corpo della corazza di ferro, così l'animo della corazza della fede.
Rivestito così dell'una e dell'altra corazza, egli non teme né il demonio né l'uomo. E neppure teme la morte colui che la desidera. Sia che viva sia che muoia, di che cosa può avere timore colui al quale il vivere è Cristo e il morire un guadagno? Vive fiducioso e volentieri per Cristo; ma ancor più desidera annientarsi ed essere con Cristo: questa è infatti la cosa migliore.
Marciate, dunque, sicuri, o soldati, e con animo intrepido sconfiggete i nemici della croce di Cristo, nella certezza che né la morte né la vita vi potranno separare dall'amore di Dio, che è nel Cristo Gesù, e nel momento del pericolo ripetete a voi stessi: Sia in vita, sia in morte, noi apparteniamo al Signore. Come ritorneranno carichi di gloria i vincitori del combattimento! Come saranno beati coloro che cadono come martiri nella battaglia! Rallegrati, o gagliardo atleta, se sopravvivi vittorioso nel Signore; ma ancor più gioisci riempito di esultanza e di sicurezza, se morirai e ti unirai al Signore. Infatti, per quanto ricca di frutti sia certamente l'esistenza ed esaltante la vittoria, una santa morte deve essere a buon diritto considerata ancor più nobile. Del resto, se sono chiamati «beati coloro che muoiono nel Signore», non lo saranno ancor di più quelli che muoiono per il Signore?

Sia che uno muoia nel letto sia che soccomba in combattimento, sarà senz'altro preziosa al cospetto del Signore la morte dei suoi santi; ma la morte nel combattimento è tanto più preziosa quanto è più ricca di gloria. Quale sicurezza nella vita quando la coscienza è pura! Vita sicura intendo dire, quando si aspetta la morte senza paura, anzi la si desidera con dolce tranquillità e la si accetta con devozione. O milizia davvero santa e sicura, completamente al riparo da quel duplice pericolo, che invece minaccia il genere umano, quando Cristo non è il motivo della lotta. Infatti ogni qual volta, tu, combattendo nella milizia profana, ti getti nella mischia, hai da temere di uccidere te stesso nell'anima, mentre uccidi il tuo nemico nel corpo, oppure hai da temere forse tu di essere ucciso dallo stesso nemico insieme nel corpo e nell'anima. Il pericolo o la vittoria del cristiano si valutano dalla disposizione del cuore e non dalla fortuna del combattimento. Se il motivo per cui si combatte è buono, il risultato della battaglia non potrà essere cattivo, così come non sarà giudicato buono l'esito di un combattimento intrapreso quando non sarà preceduto da una buona causa e da una intenzione giusta. Se avessi la volontà di uccidere un altro e ti accadesse invece di essere ucciso, morirai come omicida. Che se poi ti accadesse di vincere, uccidendo un uomo per brama di

trionfo o per vendetta, vivrai da omicida. E l'essere omicida non giova né a chi è morto né a chi è vivo, né a chi vince né a chi è sconfitto. Infelice sarebbe la vittoria con la quale tu hai la vittoria su un uomo, ma soccombi al peccato, e invano ti vanterai di averlo sconfitto, mentre, al contrario, proprio tu sei sopraffatto dall'ira e dall'orgoglio. Accade, talora, di dover uccidere non certo per brama di vendetta o di vittoria, ma per sfuggire a un pericolo imminente. Neppure questo chiamerei una buona vittoria, poiché dei due mali è più lieve morire nel corpo che nell'anima. Non perché il corpo perisce, l'anima muore; al contrario, invece, «l'anima che ha peccato, morirà».
B. de Clairvaux, *Il libro della nuova cavalleria - De laude novae militiae,* trad. e cura di F. Cardini, Milano, Biblioteca di via del Senato, 2004.

3. *Il fasto guerriero che i Templari condannano.*
L'imperatore ha fatto suonare i suoi corni.
I Francesi discendono, poi guarniscono il loro corpo
di usberghi e di elmi e di spade ornate d'oro;
scudi hanno belli e spiedi grandi e forti
e pennoncelli bianchi e vermigli e gialli.
Sui destrieri montano tutti i baroni dell'esercito;
spronano a forza finché durano i valichi.
[...] Sereno è il vespro e il giorno.

Contro il sole rilucono le armature;
usberghi e elmi gettano gran bagliore
e gli scudi, che ben sono dipinti a fiorami,
e gli spiedi, e i dorati pennoncelli.
Chanson de Roland, vv. 1796-1811.

4. *Sante uccisioni.*
Qual è dunque il fine, quali i frutti di questa cavalleria profana che più che "milizia" chiamerei "malizia", dal momento che colui che uccide pecca mortalmente e l'ucciso muore di morte eterna? [...] Qual è dunque, o cavalieri, questo così sconcertante errore, questo inaccettabile furore che vi fa combattere con tanto ingenti spese e con tante fatiche, senz'altro guadagno che la morte e il delitto? Voi bardate il cavallo con panni di seta e sopra le armature indossate non so che veli fluttuanti; dipingete le lance, gli scudi, le selle; guarnite con oro, argento e gemme redini e sproni: e con simile sfarzo vi votate alla morte, con un furore e una bestialità di cui dovreste aver vergogna e pudore. Ma sono insegne militari, queste, oppure ornamenti femminili? [...] Voi vi curate la zazzera come le donne, ed essa costituisce un ostacolo per la vista; impacciate con tuniche larghe e vaporose l'andatura; seppellite in ampie avvolgenti maniche delle tenere mani [...].

Invero i cavalieri del Cristo combattono, invece, con serenità le battaglie del loro Signore, senza temer di peccare quando uccidono il nemico né di perdere la vita: perché la morte per il Cristo, che sia inferta o che sia subìta, non ha nulla di delittuoso, anzi rende ancor più meritevoli di gloria. Infatti, nell'uno e nell'altro caso, o si acquisisce al Cristo, o si acquisisce il Cristo: il Quale accetta volentieri la morte del nemico a titolo di riparazione, ma ancor più volentieri offre se stesso al cavaliere caduto come consolazione.
B. DI CLAIRVAUX, *op. cit.*

5. *Piaceri proibiti.*
In piena concordia di vedute vietiamo ai fratelli di cacciare uccelli per mezzo di altri uccelli.
Non si addice a un uomo di religione di soccombere ai piaceri, bensì di ascoltare di buon animo i comandamenti divini, pregare di frequente e confessare ogni giorno fra le lacrime i propri peccati. In particolare, nessun fratello ritenga lecito accompagnare un altro uomo che cacci uccelli per mezzo di altri uccelli.
È confacente piuttosto a un religioso il procedere quietamente e umilmente, senza ridere o parlare troppo, ma esprimendosi in modo assennato e senza alzare la voce. Per tale motivo, vietiamo a tutti

i fratelli di cacciare animali per i boschi con archi e balestre, o di accompagnare un cacciatore a meno che non si tratti di salvarlo dai pagani infedeli. Né dovrete correre dietro alle mute dei cani, né gridare o chiacchierare, né spronare il cavallo per bramosia di catturare una fiera. Invero il vostro dovere consiste soprattutto nell'offrire le vostre anime per la salvezza dei fratelli, come fece Gesù Cristo, e nel difendere la terra dai pagani miscredenti nemici del Figlio della Vergine Maria.
Tuttavia, questa proibizione di cacciare non riguarda affatto il leone, che è sempre in cerca di vittime da divorare, le sue zampe contro ogni uomo e le braccia di ogni uomo contro di lui.
F. G. GIANNINI, *La Regola del Tempio*, New Style, Milano, 1999.

6. *L'eccidio dopo la battaglia di Hattin.*
Due giorni dopo la vittoria, il sultano fece cercare dei prigionieri Templari e Ospitalieri, e disse: "Purificherò la terra di queste due razze impure". Assegnò quindi cinquanta dinàr a chi ne avesse addotto uno prigioniero e subito l'esercito ne addusse a centinaia. Egli ordinò che fossero decapitati, preferendo l'ucciderli al renderli in schiavitù.
C'era presso di lui tutta una schiera di dottori e di

sufi, e un certo numero di devoti e di asceti: ognuno chiese di poterne uccidere uno, e sguainò la spada, e si rimboccò la manica. Il sultano era assiso lieto in volto, mentre i miscredenti erano cupi in faccia; le truppe stavano schierate, gli emiri dritti in doppia fila. Ci fu chi fendette e tagliò netto, e ne fu ringraziato; e chi si ricusò e fallì, e fu scusato; e chi fece ridere di sé, e altri assunse le sue veci. Vidi lì chi sghignazzava e ammazzava, chi diceva e faceva: quante promesse adempì, quante lodi acquistò, e premi eterni si assicurò col sangue fatto versare, e opere pie si aggiudicò con un collo da lui troncato.

Quante lame tinse di sangue per un'ambita vittoria, quante lance brandì contro un leone da lui catturato, quante infermità curò col render infermo un templare, quante forze donò a duci che rinforzò, e bandiere dispiegò per sciagure che ripiegò, e miscredenze uccise per dar vita all'Islam, e politeismo distrusse per edificare il monoteismo, e decisioni spinse a fondo per dar soddisfazione alla comunità dei credenti, e nemici stroncò per difendere amici!

H. A. R. Gibb, *Vita di Saladino,* Roma, Salerno ed., 1979.

Cronologia

Cronologia

	I Templari	Il mondo contemporaneo
1095	Al concilio di Clermont papa Urbano II bandisce la prima crociata per liberare la Terrasanta dai musulmani.	Nasce Ruggero II d'Altavilla, figlio di Ruggero I di Sicilia e suo successore.
1099	L'esercito crociato, comandato da Goffredo di Buglione, il **15 luglio** conquista Gerusalemme. Nasce il Regno latino di Gerusalemme.	A Citeaux, in Borgogna, nasce l'Ordine dei cistercensi che si propone di tornare all'osservanza letterale della regola benedettina.
1118	Re Baldovino II di Gerusalemme lascia a disposizione dei *pauperes milites Christi* la moschea di al-Aqsa sul lato meridionale della "spianata del Tempio".	Enrico V, imperatore del Sacro Romano Impero, torna in Italia per rivendicare i beni feudali della moglie Matilde e riprende la lotta per le investiture.
1120	Il **23 gennaio**, durante un concilio tenuto a Nablus in Samaria, a nord di Gerusalemme, nasce la *fraternitas* dei Templari.	Il **25 novembre**, al largo della costa del Cotentin, muore Guglielmo Adelin, figlio del re Enrico I d'Inghilterra e suo erede al trono.
1122	Nasce la "confraternita di Belchite", alla quale re Alfonso I d'Aragona assegna il compito di difendere i confini e di combattere gli infedeli.	Il concordato di Worms tra Enrico V e Callisto II pone fine alla lotta per le investiture.
1125	Ugo conte di Champagne si unisce ai *povres chevaliers* del Tempio.	Durante la battaglia di Azaz i crociati sconfiggono l'esercito dei turchi selgiuchidi.
1127	Ugo di Payns torna in Occidente con lo scopo di dare ai Templari una regola riconosciuta dalla Chiesa e arruolare nuovi membri.	Ruggero II reclama i possedimenti degli Altavilla, sbarca in Italia e conquista Amalfi e Salerno, dove viene incoronato.
1129	Nel concilio di Troyes viene elaborata una *regula* di vita religiosa per l'Ordine del Tempio, il quale riceve il riconoscimento del papa.	Celebre polemica dottrinaria tra Bernardo di Clairvaux e l'abate del monastero di Cluny Pietro il Venerabile.
1131	Bernardo di Clairvaux scrive il *De laude novae militiae*. Ugo di Payns inizia il reclutamento in Francia e Inghilterra.	Ruggero II è incoronato re di Sicilia, Calabria e Puglia dall'antipapa Anacleto II. Muore Baldovino II, re di Gerusalemme.

Cronologia

I Templari	Il mondo contemporaneo	
Con la bolla *Omne datum optimum* papa Innocenzo II concede ampi privilegi ai Cavalieri del Tempio.	Papa Innocenzo II è sconfitto da Ruggero II, che viene riconosciuto legittimo re di Sicilia.	1139
Papa Celestino V consente ai Templari di avere preti, chiese e cimiteri propri e autonomi dall'autorità ecclesiastica.	Papa Eugenio III bandisce la seconda crociata, fortemente voluta da Bernardo di Clairvaux.	1145
A Parigi si tiene un capitolo generale di 130 Templari alla presenza del papa e del re di Francia Luigi IV. L'Ordine del Tempio riceve migliaia di proprietà terriere in gran parte dell'Europa. Un gruppo di Templari al comando di Everard des Barres parte per la seconda crociata.	Durante la seconda crociata, nella battaglia di Dorylaeum, l'esercito di Corrado III viene sconfitto dai turchi selgiuchidi e costretto alla ritirata. L'imperatore bizantino Manuele Comneno si allea con il sultano contro i crociati.	1147
I Templari sostengono i tentativi del re di Gerusalemme Amalrico I di impadronirsi dell'Egitto.	Federico I scende in Italia per riportare ordine sui Comuni italiani e spodestare papa Alessandro III.	1168
I Templari vengono sconfitti da Saladino nella battaglia di Hattin. I musulmani si riappropriano di Gerusalemme e i Templari spostano la sede dell'Ordine ad Acri.	Clemente III viene eletto papa. Inizia la costruzione dell'abbazia cistercense di Fossanova, una delle più antiche in Italia.	1187
Federico Barbarossa guida la terza crociata e muore l'anno seguente.	Muore Guglielmo II, con l'aiuto del papa, Tancredi è suo successore.	1189
Nasce l'Ordine degli Ospitalieri di Santa Maria detti "Teutonici" che nel 1228 sosterranno la crociata di Federico II di Svevia.	Inizia il regno di Enrico VI, re di Germania e imperatore del Sacro Romano Impero.	1190
Capeggiati da Riccardo Cuor di Leone, i crociati riconquistano Acri. La terza crociata si conclude con la conquista di Cipro.	Prime menzioni di podestà a Firenze e Genova. Il regime podestarile sostituisce quello consolare sino all'arrivo della Signoria.	1191
Papa Innocenzo III sollecita la quarta crociata. Sotto il comando del doge Enrico Dandolo i crociati occupano Costantinopoli.	Ha inizio il dominio di Gengis Kahn su buona parte dell'Asia centrale e orientale .	1203

Cronologia

	I Templari	Il mondo contemporaneo
1204	Per sedare una sommossa popolare contro gli occidentali, i crociati saccheggiano Costantinopoli. Sulle ceneri dell'impero bizantino nasce l'Impero Latino d'Oriente.	Filippo II Augusto apporta miglioramenti difensivi ed estetici a Parigi e sconfigge gli inglesi nella battaglia di Chateau-Grillard.
1217	Durante la quinta crociata, i Templari costruiscono Chastel Pélerin (che cadrà nel **1291**).	Inizia il regno di Ferdinando III di Castiglia, che riesce a sottrarre ai musulmani importanti città.
1228	Nella sesta crociata, attraverso dei negoziati con il sultano del Cairo Malik al-Kamil, l'imperatore Federico II ottiene, senza combattere, il regno di Gerusalemme.	Canonizzazione di Francesco d'Assisi: sulla sua tomba viene eretta la Basilica in cui Giotto ne illustrerà la vita in una serie di affreschi (**1290-1295**).
1244	I musulmani riconquistano definitivamente Gerusalemme. In corrispondenza dell'indebolimento degli Stati crociati aumenta il potere dell'Ordine dei Templari.	Le truppe crociate contro gli eretici distruggono il castello albigese di Montségur, ultima roccaforte catara, e massacrano i suoi abitanti.
1248	Il re di Francia Luigi IX guida la sfortunata spedizione della settima crociata.	Ferdinando III di Castiglia conquista Siviglia e controlla tutta la Spagna meridionale ad eccezione di Granada.
1291	Frate Guglielmo di Beaujeu, Maestro del Tempio, cade difendendo San Giovanni d'Acri. L'anno seguente Giacomo di Molay è l'ultimo Gran Maestro dell'Ordine del Tempio.	San Giovanni d'Acri, ultimo baluardo crociato, viene conquistata dai mamelucchi.
1303	Papa Benedetto XI conferma i privilegi e l'obbedienza al papa dei Templari. Due anni dopo Clemente V consulta Giacomo di Molay sulla futura crociata.	Guglielmo di Nogaret e Sciarra Colonna fanno prigioniero Bonifacio VIII ad Anagni.
1305	Esquieu de Floyran, priore templare di Montfaucon, comunica a Giacomo II re d'Aragona alcune gravi accuse nei confronti dell'Ordine del Tempio.	La sede papale si sposta da Roma ad Avignone: con Clemente V ha inizio la cosiddetta "cattività avignonese".

Cronologia

I Templari	Il mondo contemporaneo	
Il **13 ottobre** le guardie del re di Francia Filippo il Bello arrestano, per sospetta eresia, tutti i membri dell'Ordine dei Templari presenti sul suolo francese.	I Cavalieri Ospitalieri, comandati da Foulques de Villaret, assediano Rodi. Accusato di eresia, fra' Dolcino viene catturato, condannato e arso vivo sul rogo.	1307
In **febbraio** il papa avignonese Clemente V sospende gli interrogatori inquisitoriali. Sotto le pressioni del re di Francia, il pontefice però cede e richiama gli inquisitori; con la bolla *Faciens misericordiam* del **12 agosto** nomina una commissione pontificia d'inchiesta, rinviando il giudizio sulla soppressione del Tempio al concilio generale di Vienne (**1311**).	Enrico VII di Lussemburgo diviene re di Germania. Da imperatore, alcuni anni più tardi tenterà di riportare senza successo la concordia tra guelfi e ghibellini; per questo motivo verrà elogiato da Dante, sotto il nome di Arrigo, nel XXX canto del *Paradiso*.	1308
In **marzo**, il concilio ecclesiastico di Vienne sostiene la necessità di una difesa dei Templari. Messo alle strette da Filippo il Bello, papa Clemente V emana la bolla *Vox in excelso* in cui sopprime l'Ordine del Tempio. Con una successiva bolla pontificia, l'*Ad providam* del **2 maggio**, si stabilisce il trasferimento dei beni dell'Ordine agli Ospitalieri.	Enrico VII viene incoronato imperatore a Roma, dove una rivolta popolare caccia dalla città le famiglie nobili degli Orsini e dei Colonna. Ascesa di Cangrande I della Scala signore di Verona, il quale, fino al **1329**, estende la signoria scaligera a Vicenza, Padova, Treviso e alla Marca trevigiana.	1312
Il **18 marzo**, i quattro principali ufficiali dell'Ordine del Tempio, il Gran Maestro, l'Ispettore e i Precettori di Normandia e Aquitania, vengono portati davanti ad una commissione di ecclesiastici francesi per la sentenza di condanna. Giacomo di Molay e Goffredo di Charney proclamano la ritrattazione delle loro vecchie confessioni. Nello stesso giorno muoiono sul rogo.	Ludovico IV il Bavaro è re di Germania e dal **1328** imperatore. I frequenti scontri con l'autorità papale lo porteranno ad essere scomunicato più volte. Nella battaglia di Bannockburn gli scozzesi, al comando di Roberto I, sconfiggono l'esercito del re d'Inghilterra.	1314

Bibliografia

B. di Clairvaux, *Il libro della nuova cavalleria - De Laude novae militiae*, trad. e cura di F. Cardini, Biblioteca di via Senato, Milano, 2004;

F. Cardini, *La tradizione templare*, Vallecchi, Firenze, 2007;

S. Cerrini, *La rivoluzione dei templari*, Mondadori, Milano, 2008;

A. Demurger, *I cavalieri di Cristo. Gli Ordini religioso-militari nel medioevo, XI-XVI secolo*, Garzanti, Milano, 2004;

A. Demurger, *I templari. Un Ordine cavalleresco cristiano nel medioevo*, Garzanti, Milano, 2006;

J. Flori, *La guerre sainte. La formation de l'idée de croisade dans l'Occident chretien*, Aubier, Paris, 2001;

B. Frale, *I templari*, Il Mulino, Bologna, 2004;

B. Frale, *L'ultima battaglia dei templari*, Viella, Roma, 2001;

B. Frale, *Processus contra templarios*, Venezia, Archivio Segreto Vaticano – Scrinium, 2007;

E. Coli, M. De Marco, F. Tommasi (a cura di), *"Militia sacra". Gli Ordini militari tra Europa e Terrasanta*, Libreria L'Altra, Perugia, 1994.